Daniele Motta

Jornada Omnishopper

Desvendando a jornada de compra *omni* para conquistar o *shopper* na era digital

2021

Copyright ©2021 by Poligrafia Editora
Todos os direitos reservados.
Este livro não pode ser reproduzido sem autorização.

Jornada Omnishopper
Desvendando a jornada de compra *omni*
para conquistar o shopper na era digital

ISBN 978-65-5854-272-8

Autora: **Daniele Motta**
Coordenação Editorial: Marlucy Lukianocenko
Organização de Conteúdo: Denise Turco
Projeto Gráfico e Diagramação: Cida Rocha
Revisão: Fátima Caroline P. de A. Ribeiro
Foto da autora: Thais Falcão

```
            Dados Internacionais de Catalogação na Publicação (CIP)
                          Lumos Assessoria Editorial
                  Bibliotecária: Priscila Pena Machado CRB-7/6971

    M921  Motta, Daniele.
              Jornada omnishopper : desvendando a jornada de compra
          omni para conquistar o shopper na era digital / Daniele
          Motta. — 1. ed. — Cotia : Poligrafia, 2021.
              128 p. ; 21 cm. — (Coleção Varejo em Foco ; 8).

              Inclui bibliografia.
              ISBN 978-65-5854-264-3 (coleção)
              ISBN 978-65-5854-272-8

              1. Marketing de relacionamento. 2. Planejamento de
          negócios. 3. Estratégias de mercado. 4. Gerenciamento de
          vendas. 5. Comportamento do consumidor. I. Título.

                                                          CDD 658.87
```

Poligrafia Editora
www.poligrafiaeditora.com.br
E-mail: poligrafia@poligrafiaeditora.com.br
Rua Maceió, 43 – Cotia – São Paulo
Fone: 11 4243-1431 / 11 99159-2673

A editora não se responsabiliza pelo conteúdo da obra, formulada exclusivamente pelo autor.

*"Se você não sabe para onde ir,
qualquer caminho serve"*

Gato de Cheshire, em
"Alice no País das Maravilhas",
de Lewis Carroll

Agradecimentos

Agradeço a todos os amigos e colegas que fizeram parte da minha trajetória e com quem tive o prazer de trabalhar, pois, com certeza, contribuíram para meu aprimoramento profissional. Minha gratidão a Artur Motta, que me auxiliou com reflexões para que eu conseguisse alcançar o objetivo do livro.

Agradeço a Maurício Morgado, em quem confio tanto e que escolhi para escrever o prefácio desta obra.

Meus sinceros agradecimentos à Fatima Merlin, que me convidou para este lindo projeto "Varejo em Foco", e à Patrícia Albuquerque, que inspirou assuntos e discussões sobre o *shopper*. Sou grata também a todos os que ajudaram a tornar este livro possível.

Um agradecimento especial para minha família, que me permite ser quem eu nasci para ser, e ao meu marido, Artur, que me impulsiona todos os dias para que eu seja a protagonista da minha vida.

Sobre a Autora

Daniele Motta tem uma carreira consolidada no setor de Bens de Consumo, com mais de 30 anos de experiência como executiva em grandes indústrias multinacionais e no varejo, como Unilever, L'Oréal, Merck Sharpe & Dohme (MSD), Coca-Cola Femsa, Nestlé Brasil, Diageo e Supermercados Mambo, onde atuou nas áreas de Marketing, CRM, E-commerce, Trade Marketing, Shopper Marketing, Gerenciamento de Categoria, Vendas e Supply Chain.

Com formação em Digital Strategies for Business pela Columbia School e MBA em Gestão Estratégica e Econômica de Negócios pela Fundação Getulio Vargas (FGV), Daniele é especialista em Join Business Plan (JBP), metodologia voltada a desenvolver planos de negócios colaborativos.

Como cofundadora da empresa JBP Experts, Daniele dedica-se a levar conhecimento sobre as práticas comerciais colaborativas para varejistas e indústrias, movendo suas negociações de transacionais a colaborativas e colocando o shopper no centro dos planos.

Especialista nos temas de *Trade Marketing* e *Shopper Marketing*, ela tem atuado como vice-presidente de *Shopper Marketing* do POPAI Brasil, associação dedicada ao desenvolvimento da atividade de marketing de varejo no ponto de venda, contribuindo com conteúdos e eventos sobre *Shopper Marketing*.

A partir dessas vivências, a executiva pôde construir uma visão completa e integrada da cadeia de valor, desde a fábrica até o comportamento do *shopper*, tema pelo qual tem verdadeira paixão.

Em sua atuação em *Supply Chain*, liderou times de *Customer Services* (Serviço a Clientes) e *Demand Planning* (Planejamento de Demanda), o que lhe permitiu entender sobre custos logísticos, nível de serviço, gestão de estoques, impactos de sazonalidades e ações de trade na gestão de demanda e oferta, ou seja, saber o que de fato está em jogo na mesa de negociação.

Após a experiência de 13 anos em Supply Chain, a executiva foi convidada a ingressar na área Comercial, com foco em implementar ações disruptivas e desenhar planos de negócios sustentáveis. Inicialmente, ela acreditava que não utilizaria as habilidades de *Supply Chain* na nova área. Tal foi seu engano quando se deparou, por diversas vezes, atrelando negociações de estoque à introdução de lançamentos de produtos. Dessa forma, pôde perceber a conexão entre as áreas.

Daniele esteve à frente de times comerciais por mais de 10 anos, atuando com varejistas de todos os portes e setores, desenvolvendo planos de JBP, sempre colocando o shopper no centro dessas decisões e, mais recentemente, incluindo o mundo digital como alavanca comercial.

Uma das passagens mais significativas e transformadoras deu-se quando Daniele atuou na área de *Trade Marketing*, com a meta de desenhar estratégias focadas no shopper e conquistar *market share* de forma rentável. A partir daí, teve a oportunidade de compreender a relevância do conhecimento de shopper e sua aplicabilidade na elaboração de planos promocionais, na negociação com clientes ou ao trabalhar em inovações.

A executiva seguiu aprofundando seus conhecimentos de *shopper* ao conduzir projetos nas áreas de *Shopper Marketing* e Gerenciamento de Categoria na indústria, com a responsabilidade de levar o conhecimento do *shopper* para varejistas, inclusive conquistando um importante reconhecimento por projetos inovadores e colaborativos.

O varejo é o lugar onde o *shopper* habita e, por essa razão, Daniele aceitou o convite de atuar em uma rede supermercadista com o desafio de construir experiências omnishopper, elaborar planos de Trade Marketing personalizados e entender a jornada de compra *omni*.

Para além do *shopper* e do JBP, Daniele é uma carioca disfarçada de paulista e com um sotaque que ainda oscila. Ela se orgulha em dizer que aprendeu com a mãe, uma senhora batalhadora, o valor do conhecimento. É casada com um carioca com quem tem um casal de gêmeos, que os desafiam diariamente na missão de serem pessoas melhores. Dani, como gosta de ser chamada, planeja ter sua terceira carreira em Artes e, entre mosaicos, pincéis e tintas, reproduzir todas as cores e formas que passam em sua mente inquieta e criativa.

Prefácio

*Maurício Morgado**

Desde que Philip Kotler lançou o conceito de atmosfera de loja em 1973, quando dizia que muitas vezes o produto era o próprio ambiente, muita coisa mudou na maneira como "conversamos" com o consumidor no ponto de venda. Técnicas cada vez mais sofisticadas de visual *merchandising*, sinalização digital, câmeras e sensores e a integração dos celulares complementando a experiência de compra são um pouco do que aconteceu nesses quase cinquenta anos.

Hoje temos as Organizações Digitalmente Integradas (ODI), empresas nas quais os sistemas são integrados, o estoque disponível aparece em todas as interfaces com os clientes e é possível saber quantas unidades disponíveis existem em cada canal ou depósito. Os dados de compra dos clientes são armazenados, cupom a cupom, permitindo o uso de Inteligência Artificial para identificar padrões de consumo e fazer recomendações e comunicação personalizadas. Os colaboradores, quer seja da loja física ou do atendimento *on-line*, têm acesso às informações dos clientes que estão comprando, além de estarem o tempo todo conectados entre si por meio de *softwares* de comunicação e de monitoramento de desempenho. É tudo tão integrado que o consumidor se sente único no relacionamento com a marca.

Essas organizações reconhecem a nova jornada de compras e usam as informações de clientes para eliminar qualquer fonte de atrito que possa surgir. Sabem que os clientes passam por diversos canais antes de decidir a compra, entendem seus diversos momentos e são capazes de entregar experiências ótimas, independentemente da forma de compra eleita por ele. A combinação do *on-line* com o *off-line* é feita com maestria pelas ODI, sempre em busca de oferecer uma experiência de fato *seamless* para o cliente. Ele não consegue perceber mudanças de plataformas ou de tratamento. De novo, se sente único no relacionamento com a marca.

Apesar de toda essa evolução, algo se mantém imutável: nesse mundo *omnichannel*, ao gerenciarmos experiências de compras, temos que lembrar que nosso *shopper* é um ser humano, um *Homo sapiens* que ainda usa seus cinco sentidos para interagir com os produtos e com o ambiente de loja, seja ela física, seja online. Uma pessoinha cheia de dúvidas, preocupada em escolher bem, pagar preços justos e levar o melhor para si e seus entes queridos. Antes era freguês, agora *omnishopper*, este com certeza mais conectado, mas ainda assim precisando de ser entendido e atendido.

É sobre tudo isso (e muito mais) que a Daniele escreve nesse livro. Praticamente tudo o que você precisa saber sobre o *omnishopper* está aqui. Desde aspectos históricos, passando pelos principais conceitos da área, por comportamento do *shopper*, entendimento da jornada de compras, até as diferentes visões da indústria e do varejo sobre a jornada *omnishopper*. Aliás, entender a perspectiva do varejo e da indústria sobre o tema é o que faz desse livro uma ferramenta valiosa para quem quer atuar (e vencer) nesse mundo complexo de fabricantes, varejistas e seus clientes.

Parabéns, Daniele, por seu esforço em nos apresentar tudo isso de maneira organizada, muito mais fácil de entender. A você, leitor, desejo sucesso na implementação das estratégias vitoriosas presentes nesse livro.

Maurício Morgado é especialista em varejo e coordenador do FGVCev - Centro de Excelência em Varejo da FGV - EAESP.

Sumário

	Introdução	19
Capítulo 1	A evolução do conceito de *shopper*	23
Capítulo 2	Características do *omnishopper*	39
Capítulo 3	Conhecimento de *omnishopper* aplicado nas organizações	49
Capítulo 4	Como construir a jornada de compra do *omnishopper*	61
Capítulo 5	Desenhando estratégias a partir da jornada de compra *omni*	77
Capítulo 6	Empresas *omnishopper*: visão da indústria	89
Capítulo 7	*Omnishoppers* frequentam omnicanais: visão do varejo	103
Capítulo 8	Conclusão: tendências e funcionalidades *omni*	115
	Referências	126

Introdução

Quando recebi o convite para escrever este livro, fiquei feliz pela chance de levar o conhecimento sobre *shopper*, *omnishopper*, *omnichannel* e jornada de compra para profissionais de Vendas, Marketing, *Trade Marketing*, *Shopper Marketing*, *Supply Chain*, Finanças, Gerenciamento de Categoria, *E-commerce* e tantas outras áreas da indústria e do varejo, retribuindo tudo o que aprendi com tantas pessoas ao longo de 30 anos de carreira em grandes indústrias do setor de *Fast Moving Consumer Goods* (FMCG ou Produtos de Giro Rápido) e do varejo.

Tendo atuado em diferentes áreas e cargos, noto que sabemos muito pouco sobre os conceitos de *omnishopper* e *omnichannel*, porém eles são fundamentais para evitarmos estratégias equivocadas que ocorrem com certa frequência nas empresas, a exemplo da concepção de produtos que não cabem nas prateleiras, promoções de vendas que não conversam com as necessidades do *shopper* ou, ainda, comunicações que falam com o consumidor, mas não com o *shopper*.

Neste livro, espero transmitir e compartilhar conceitos, exemplos e reflexões que contribuam para que os equívocos sejam evitados e, principalmente, para que o shopper esteja presente em toda a organização.

Mas, afinal, o que são *omnichannel* e *omnishopper*?

Diferente da multicanalidade, que é a venda em vários canais, o conceito de *omnichannel* ou omnicanalidade caracteriza-se pela padronização da comunicação e pela sintonia entre todas as formas de atendimento. A palavra *"omni"* vem do latim ominis e significa todo, inteiro. No contexto deste livro, *omni* significa integração, conexão, fluidez, o *shopper* no centro. Uma experiência omni integra lojas físicas, *e-commerce*, redes sociais e *shopper*. Portanto, para ser *omni*, as empresas precisam ter uma visão holística e desenvolver ações integradas.

A omnicanalidade evidencia que o comprador não distingue mais os canais de compra. Ele entende propostas de valor que podem ser entregues pelas marcas independentemente do canal onde se vai comprar. Nesse sentido, o *shopper* torna-se *omni*.

O desafio de manter a unidade de marca na mente do *shopper* é grande, pois pressupõe integração na linguagem adotada. Significa que os ambientes *on-line* e *off-line* devem se complementar e trabalhar de maneira integrada para influenciar a tomada de decisão. Infelizmente, ainda existem empresas que trabalham de forma fragmentada e desconectada, times que não se falam e não coordenam ações para capturar o *shopper*.

Ao longo do livro, vamos refletir sobre todos esses aspectos. O capítulo 1 introduz o conceito de *shopper* e a evolução para *omnishopper*, apresentando a jornada e os ambientes digitais como premissas para a existência deste novo ator. O capítulo 2 traz o perfil do *omnishopper*, apresentando 10 aspectos importantes que o caracterizam. Na sequência, o capítulo 3 ressalta a importância de disseminar o conhecimento de *shopper* em todas as áreas de uma organização, por meio de pesquisas, debates, dados e observações.

Depois de explorar esses fundamentos básicos, partimos para o capítulo 4, que considero o coração desta obra; nele, aprofundamos o tema da jornada de compras, com um passo a passo para a montagem do mapa *Omni Shopping Journey* (OSJ – Jornada de Compra *Omni*), metodologia que desenvolvi com base em minha experiência em vários setores e funções. O OSJ serve como uma rica fonte de dados que auxiliarão na elaboração de planos de ação com base na jornada do *shopper*, abordados no capítulo 5. Reforçando o compromisso de contribuir para a evolução de empresas centradas no *shopper* (aliás, no *omnishopper*), no capítulo 6, proponho um novo modelo para as estruturas organizacionais da indústria e estratégias de segmentação de mercado. O capítulo 7 é dedicado ao varejo e ressalta a necessidade desse setor preparar-se cada vez mais para atender ao *omnishopper*. Para finalizar, apresentamos, no capítulo 8, uma visão de futuro, tendências e métricas *omni*.

A jornada de implementação do olhar *omnishopper* é mais abrangente do que parece, uma vez que traz um convite para revisitarmos estruturas, processos e indicadores a serem acompanhados. Trata-se de uma mudança de mentalidade ao valorizarmos quem, de fato, é relevante na equação: o *omnishopper*.

Sua empresa está preparada para ser *omni*?

Boa leitura!

Daniele Motta

1. A EVOLUÇÃO DO CONCEITO *SHOPPER*

Estamos em 2021, mas ainda temos muito a aprender sobre o *shopper*. Falo por experiência própria. Atuo em grandes empresas de *Fast Moving Consumer Goods* (FMCG ou Produtos de Giro Rápido) há três décadas, mas somente em 2011 fui apresentada a esse personagem chamado *shopper*, quando trabalhei na área Comercial de uma das maiores empresas de bebidas do mundo. Foi então que comecei a entender como as estratégias eram formuladas e como as equipes de Marketing e *Trade Marketing* apoiavam-se em *insights* e pesquisas de *shopper* para elaborar as campanhas promocionais.

Minha paixão pelo *shopper* nasceu naquela época e, aos poucos, fui sendo capaz de compreender a dimensão deste conhecimento para os negócios. Estudei vários livros sobre ciência do consumo e *Trade Marketing*, fiz cursos de neurociência e tive acesso a diversos conteúdos por meio de pessoas que foram muito generosas em compartilhar seu saber sobre o tema. Quanto mais eu entendia, maior era meu encanto pelo *shopper*. As peças do mosaico começavam a se encaixar.

Em outras companhias onde atuei, continuei aprofundando o conhecimento de *shopper* de diferentes categorias e tive a oportunidade de participar da elaboração de várias pesquisas sobre o *shopper* para identificar *insights* e transformá-los em ações de *Trade Marketing* ou em inovações, além de dialogar com varejistas para entender os impactos dessas iniciativas em suas operações diárias.

Nessa jornada, fiz uma descoberta surpreendente: o *sellout* (a venda para o *shopper*) não existe! Durante muitos anos, eu entendia o conceito de *sellout* como uma alavanca comercial e, com base nisso, elaborei metas com muita atenção e cuidado. Mas somente quando entendi o *shopper* fui capaz de compreender que o *sellout* não é a alavanca, e sim o indicador.

Permita-me compartilhar a riqueza desse achado. Já faz algum tempo que as empresas começaram a fazer uma migração importante de visão de negócios, saindo do *sellin* (venda da indústria para o varejo ou distribuidor) para adotar o *sellout* como indicador relevante no avanço de vendas. A partir desse conceito, os times de Vendas e *Trade Marketing* elaboram metas e planos táticos para impactar o *sellout*, desde a criação de estratégias para reduzir preços, passando por packs promocionais até a contratação de degustação em loja, entre outras ações. Mas, ao fazer isso, ainda estamos mirando somente a parte visível das vendas.

O grande achado é entender que existem alavancas de shopper que podemos mover para aumentar ou reduzir o *sellout*. É importante destacar que as alavancas essenciais do *sellout* são: dados de penetração, frequência de compra, tíquete médio, valor e quantidade de itens na cesta. Portanto, se não conectarmos as ações táticas com as alavancas, continuaremos a estimar o *sellout* utilizando premissas aleatórias. Assim, em vez de compartilhar os dados de *sellout*, varejistas e indústrias deveriam trocar dados de tíquetes de compras, que são a fonte de informação das alavancas e que revelam *insights* poderosos sobre o *shopper*. Ao entender as alavancas e planejar ações comerciais e de trade que impactem essas alavancas estaremos, por consequência, movendo o *sellout*.

É nesse sentido que o conhecimento de *shopper* faz-se cada vez mais necessário, especialmente porque, nos últimos anos, ocorreram mudanças significativas de comportamento e estilo de vida das pessoas, que foram fortemente impactadas pela revolução digital e pelo amplo acesso à internet. Conectado, bem informado, exigente e empoderado, o *shopper*, hoje, está no centro dos negócios das empresas – ou deveria estar.

O conceito de *shopper* é um conhecimento em constante

evolução. Com o intuito de organizar as diversas transformações vistas nas últimas décadas, vamos fazer uma rápida viagem no tempo, resumida na imagem abaixo:

Figura 1 - **Evolução do conceito de shopper**

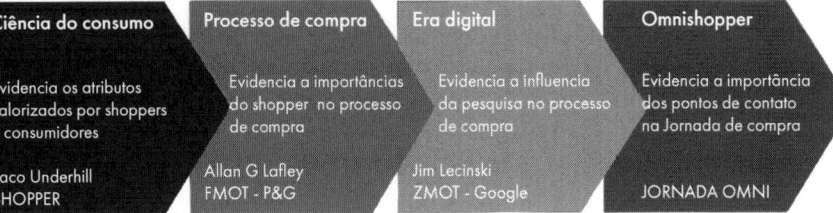

O *shopper* na sua essência

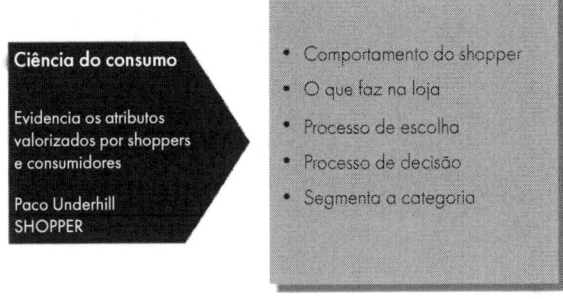

Em nossa primeira parada, estamos nos anos 2000, quando o psicólogo Paco Underhill lança o livro *Vamos às compras*, que considero uma referência no conceito de *shopper*, pois permite que o leitor dê os primeiros passos e entenda os fundamentos sobre o tema. Paco Underhill estudou em profundidade o comportamento dos clientes no momento das compras, observando, inclusive com o uso de câmeras, seu percurso nos corredores das lojas e o que colocavam dentro do carrinho. Apoiado por um aparato de técnicas de coleta e análise de dados, ele formulou a ciência do consumo, que nos ensina quais elementos observar para a geração de *insights*. São esses *insights* que, transformados em alavancas de vendas, vão capturar a atenção do *shopper* rumo à conversão.

Paco Underhill e também outros estudiosos de hábitos do consumo revelaram a importância de entender o comportamento do *shopper* ao observar e analisar o que o *shopper* faz na loja, como interage com os produtos, as barreiras e as motivações encontradas para a compra, como segmenta a categoria e de que forma organiza os atributos em suas escolhas. Todas essas informações são tão relevantes que passaram a ser a base para formular estratégias e táticas comerciais.

Uma das contribuições da obra de Paco Underhill consistiu na elaboração dos conceitos de *shopper* e de consumidor. Nos dois casos, estamos falando de pessoas, mas que têm foco e atenção a atributos diferentes quando estão no momento de consumo ou no momento de compra. As pessoas não mudam de personalidade, mas trocam os papéis, digamos assim.

Podemos dizer que o consumidor considera atributos na escolha de produtos e serviços que satisfaçam suas necessidades de uso e consumo, como, por exemplo:

1. Aroma diferente;
2. Cor preferida;
3. Embalagem funcional ou bonita;
4. Sabor agradável;
5. Se o produto respeita restrições alimentares;
6. Rendimento e porção;
7. Consistência do produto;
8. Preparo fácil;
9. Velocidade, potência;
10. Maciez, durabilidade.

Por outro lado, o *shopper* leva em conta aspectos relacionados ao momento da compra do produto ou serviço, tais como:

1. Promoções;
2. Preço relativo (caro ou barato);
3. Produtos comparáveis;
4. Planejamento de compra;

5. Atendimento rápido, atencioso, sem filas;
6. Forma de pagamento;
7. Encontrar o que procura;
8. Local de consumo (casa, escola, restaurante);
9. Onde busca referências e conhecimento;
10. Ambiente da loja organizado, limpo e seguro.

Desse modo, o *shopper* pode ou não ser o consumidor do produto ou serviço. Por exemplo: quando um homem casado vai à farmácia comprar desodorantes, ele considera determinados elementos para escolher o produto para ele (como perfume, preço e duração) e outros se for comprar para a esposa (como preço, promoção e ruptura). Assim, como consumidor e como *shopper*, os atributos selecionados receberão ordem de importância diferentes.

Para compreender de maneira mais completa e profunda as diferenças entre consumidor e shopper, recomendo fortemente a leitura do livro *Vamos às compras*, de Paco Underhill. Aqui, optei por uma abordagem superficial sobre esse tema, porque o objetivo principal é demonstrar a evolução do conceito de *shopper* na era digital.

Um passo adiante: o momento da verdade

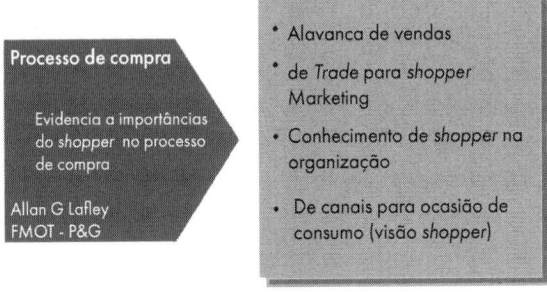

Ainda no início da década de 2000, algumas organizações começaram a incorporar o conceito de *shopper* e a dedicar tempo e investimentos para adquirir esse conhecimento. Empresas como Procter & Gamble (P&G) e Coca-Cola foram pioneiras nesse aspecto.

Um marco importante ocorre no ano de 2005, quando Alan G. Lafley, na época executivo da P&G, nos Estados Unidos, cunha o termo "Momento da Verdade" (*Moment of Truth*, em inglês), que evidencia a importância da interação entre o shopper e o bem comercializado pela marca. Segundo Lafley, essa ocasião pode ser dividida em:

> 1. FMOT (*First Moment of Truth* ou Primeiro Momento da Verdade): é o instante em que o shopper interage com o produto ou serviço com o intuito de adquiri-lo. Em outras palavras, é quando assumimos o papel de comprador de uma mercadoria ou serviço e, neste caso, o contexto da loja vai influenciar a decisão de compra;
>
> 2. SMOT (*Second Moment of Truth* ou Segundo Momento da Verdade): é o período de consumo efetivo do produto, que pode se repetir toda vez que ele for usado.

Dessa forma, Lafley inclui o FMOT no processo de compra, lembrando que esse processo começa com a etapa de estímulo – que está associada ao gatilho de compra ou "disparo" da necessidade de compra. Esse estímulo pode ser externo, quando vemos uma propaganda que desperta nosso interesse, ou surgir a partir de um evento inesperado, como, por exemplo, se o seu carro quebrar, se você derrubar *catchup* no seu vestido ou notar, no meio da receita, que o ovo acabou.

Figura 2 - **O surgimento do FMOT**

Estímulo (o gatilho) → FMOT (a compra) → SMOT (o consumo)

Durante muito tempo, o FMOT foi considerado a parte principal do processo de venda, uma vez que demostra que o consumo do produto não acontece sem vencer a barreira de compra. Várias indústrias investiram em pesquisas para descobrir *insights* e direcionar investimentos assertivos em inovações, atividades promocionais, materiais de ponto de venda e comunicação a fim de converter o shopper em comprador.

Na minha opinião, a contribuição de Alan G. Lafley, da P&G, vai além de evidenciar o conhecimento de *shopper* – ele reorganiza o processo de compra em etapas, o que favorece muito o entendimento de papéis e de responsabilidades das áreas de Marketing e Vendas.

É importante destacar também que, na naquela época, as empresas começaram a identificar que os procedimentos de Marketing e Vendas não estavam em sintonia. Os indicadores, a comunicação, as habilidades e as competências eram muito distintos e indicavam uma lacuna no processo. As equipes de Marketing faziam o seu trabalho pensando em inovação, consumidores e *branding*, porém não entregavam materiais para que o time Comercial pudesse se comunicar com o varejo, justamente quando o ponto de venda começava a se tornar um ponto de contato importante.

A partir daí, algumas indústrias deram os primeiros passos para estruturar o departamento de *Trade Marketing*. No Brasil, uma das pioneiras foi a Unilever, que começou este departamento por volta de 1996, com a responsabilidade de fazer a conexão entre as áreas de Marketing e Vendas.

É válido destacar que, naquele momento de estruturação do *Trade Marketing*, as empresas começam a organizar suas equipes de acordo com a segmentação de canais de vendas – o canal direto (varejo) e o indireto (distribuidores e atacadistas). Nesse mesmo período, nos EUA, várias indústrias mudaram o nome de seus departamentos de *Trade Marketing* para *Shopper Marketing*, reestruturando processos, responsabilidades e indicadores, observando o conhecimento de *shopper*.

Mais um avanço: entra em cena o digital

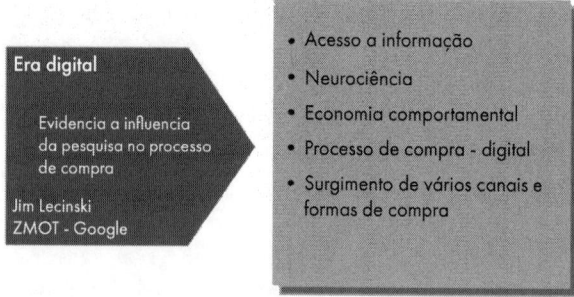

Continuando nosso percurso, avançamos alguns anos e entramos em um momento em que a internet e as redes sociais expandem-se, especialmente com a chegada do smartphone e o aumento do acesso e da velocidade da internet. É o início da era da conectividade, que passa a impactar no relacionamento entre consumidores e marcas. Essa revolução tecnológica gera uma mudança crucial no comportamento das pessoas: elas passam a pesquisar os produtos na *web* antes de comprá-los. Pesquisam para ter ideias e são motivadas a se conectar com mais pessoas e também a se comunicar com as marcas. Encontram detalhes e marcas novas, leem comentários, buscam opiniões e compartilham com sua rede digital milhões de vezes por dia, através de celulares, computadores ou outros dispositivos conectados.

Atento a esse cenário, em 2011, Jim Lecinski, então diretor de vendas do Google, cria o termo ZMOT (*Zero Moment of Truth* ou Momento Zero da Verdade). Trata-se do momento em que você pega seu laptop, celular ou algum outro dispositivo conectado à internet e começa a se informar sobre um produto ou serviço que está pensando em experimentar ou comprar.

Para deixar mais claro, compartilho alguns exemplos de Momento Zero da Verdade que já tive na minha experiência pessoal e que certamente você, leitor, também já viveu algo parecido:

1. Minha filha, ao passear com o cachorro, sente-se desconfortável com o tênis que está calçando; então, ela pega o celular para começar a buscar tênis feminino e começa a entender os

modelos, as cores possíveis e as diferenças entre os solados;

2. Eu e meu marido estamos navegando na internet pela *SmartTV* e vemos o anúncio de uma promoção de loja de decoração; ao olhar para o nosso sofá atual, concluímos que precisamos de um novo – e de uma mesa de centro também;

3. Meu filho, após uma festa de aniversário, decide que gostaria de fazer um curso de fotografia; então, ele manda mensagens pelo *WhatsApp* para os amigos em busca de recomendações para entender os estilos de fotografia, quais as possibilidades, os preços e o tempo de duração do curso;

4. Eu e minha mãe estamos conversando ao telefone e comento sobre vitaminas que uma amiga está tomando; quase que imediatamente, minha mãe inicia a procura por um medicamento na internet enquanto fala comigo.

Assim, o ZMOT é um novo momento que ocorre entre o estímulo e o FMOT e significa um avanço ao modelo proposto anteriormente pela P&G, como podemos visualizar abaixo:

Figura 3 - **Modelo do ZMOT**

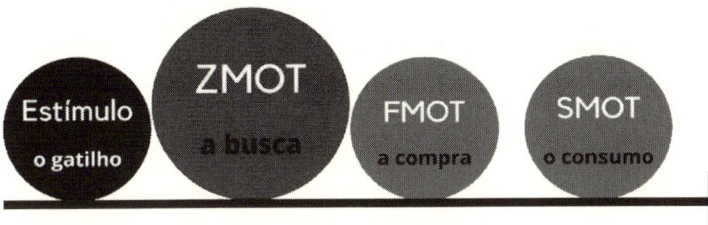

Fonte: Adaptado do e-book Conquistando o Momento Zero da Verdade (Google)

O ZMOT traz novas dimensões para as empresas avaliarem e obterem vantagens competitivas. Para entender o grau de importância do ZMOT na tomada de decisão do *shopper*, o Google encomendou um estudo à *Shopper Sciences* com 5 mil compradores de 12 categorias. Os dados revelaram que, em 2010, o *shopper* usava 5,3 fontes de informação e, em 2011, passou a usar 10,4. Portanto, o número de fontes pesquisadas havia dobrado e elas variavam entre comerciais de TV, artigos de revistas, recomendações de familiares, *sites* e *blogs*. Esse mesmo estudo revelou que

84% dos *shoppers* confirmaram que o ZMOT – ou seja, a pesquisa *on-line* – influenciou a decisão de compra.

Na minha avaliação, uma das riquezas do ZMOT foi mostrar que a etapa de descoberta está se tornando cada vez mais relevante no processo de compra, comprovando que o poder de decisão está definitivamente nas mãos do *shopper*. Com acesso a informações, a alternativas e a uma rede de apoio ampla e conectada, ele considera muitas variáveis antes de comprar, evidenciando que, a partir da era digital, o *shopper* torna-se *omni*.

Outro avanço ocorre paralelamente à adoção do conceito de ZMOT: as empresas passam a contar com estudos da Neurociência Comportamental[1] para compreender o funcionamento das atividades cerebrais do *shopper* e a maneira como ele toma decisões. As pesquisas da neurociência, que investigam os processos emocionais, cognitivos e fisiológicos, ganham força e passam a gerar *insights* para identificar quais elementos podem mudar a percepção do *shopper*, contribuindo para as empresas elaborarem suas estratégias.

A neurociência interage também com a economia comportamental, disciplina que combina economia com ciência cognitiva para explicar o comportamento aparentemente irracional das pessoas. Um autor de referência no tema é Daniel Kahneman, ganhador do Prêmio Nobel de Economia em 2002. Em seu livro *Rápido e devagar*, ele desvenda os dois sistemas que operam no cérebro e que influenciam nossas decisões. O sistema 1 opera automática e rapidamente, com pouco esforço de atenção e energia, e o sistema 2 funciona de forma lenta e requer energia e concentração para processar informações. Ao saber que operamos com esses dois sistemas, podemos planejar ações e intervenções para tirar o shopper da "compra automática" e, assim, levar inovações e novos atributos para o ponto de venda.

Daniel Kahneman apresenta-nos, em seus estudos, a heurística, os vieses e as âncoras que influenciam a tomada de decisão e que podem orientar o planejamento de táticas de vendas. A se-

---

1 A Neurociência Comportamental é um campo da ciência dedicado a entender os fenômenos da mente, relacionando aspectos biológicos, neurais e físicos, a fim de observar como o inconsciente afeta as decisões de cada indivíduo.

guir, compartilho alguns vieses cognitivos que você pode conferir com maior profundidade no livro *Rápido e Devagar*:
1. Análises heurísticas: descrições curtas dos produtos podem simplificar as decisões de compra;
2. O poder do agora: quanto mais tempo a pessoa espera por um produto, mais fraca torna-se a proposta;
3. Confirmação social: recomendações e comentários de outras pessoas podem ser bastante persuasivos;
4. Viés de escassez: quanto mais se reduz o estoque ou a disponibilidade de um produto, mais desejável ele se torna;
5. Viés de autoridade: ser convencido por um especialista ou uma fonte confiável;
6. O poder do gratuito: um presente gratuito junto de uma compra, mesmo que sem qualquer relação, pode ser um grande motivador.

Outros estudiosos contribuem para a formulação dos conceitos da economia comportamental, como Dan Ariely. Em seu livro *Previsivelmente irracional: como as situações do dia a dia influenciam as nossas decisões*, ele apresenta pesquisas que nos ajudam a compreender o quão irracionais e previsíveis são nossas decisões. E, se agimos de forma previsível, podemos planejar melhor.

Com todos esses conhecimentos, chegamos ao nosso destino e estamos prontos para fincar bandeira no *omnishopper*.

Do *shopper* para o *omnishopper*

Jornada *Omnishopper* - Daniele Motta

Iniciamos o nosso percurso com Paco Underhill apresentando-nos o conceito de *shopper* e passamos para Alan G. Lafley, da P&G, evidenciando a importância do comprador no processo de compra por meio do FMOT. Conhecemos a relevância do ZMOT, estruturado por Jim Lecinski, do Google, argumentando que a pesquisa *on-line* influencia a decisão de compra. Vimos que a expansão da internet, os ganhos da neurociência e da economia comportamental são novos componentes para entender o comportamento do *shopper*.

E, assim, chegamos aos dias atuais com uma certeza: se conhecer o comportamento do *shopper* no momento da compra já era fundamental, agora precisamos compreender a sua jornada de compra (*path of purchase*).

A evolução do conceito de *shopper* para *omnishopper* consiste em considerarmos os pontos de contato (*touchpoints*), que são os diferentes pontos de interação (físicos e digitais) da marca com o comprador, em uma jornada de compra não linear. Saímos do modelo de processo de compras com etapas previamente estabelecidas para um emaranhado de idas e vindas propiciado pelo ambiente digital, que explicaremos nos próximos capítulos.

Esse novo cenário traz desafios adicionais, desde o mapeamento dessa jornada não linear até o entendimento de que ela muda constantemente, conforme o momento ou micromomento. Afinal, hoje, tudo acontece ao mesmo tempo. Fazemos várias atividades a qualquer hora e a partir de qualquer lugar, como pedir para a Alexa disparar um alarme, compartilhar uma foto nas redes sociais ou assistir a vídeos, sem contar a multiplicidade de telas ao nosso redor.

A batalha pela atenção do *shopper* está acirradíssima. Os times de Marketing, *Shopper Marketing* e Vendas querem encontrar o exato momento em que os *shoppers* estão mais receptivos a uma comunicação ou uma proposta. Esses pequenos momentos em que o *shopper* acessa um dispositivo procurando por respostas para necessidades específicas, enquanto faz outras coisas, são chamados de micromomentos. Perceba, leitor, que o micromomento está muito próximo do conceito de gatilho, uma vez que está atrelado a uma necessidade pontual.

Para entender melhor esse ponto, vamos nos apoiar em uma proposta elaborada pelo Google, que identificou quatro tipos de micromomentos:

1. Momento "eu quero saber": quando as pessoas usam o *smartphone* para satisfazer uma vontade pontual de aprender, fazer, descobrir, assistir ou comprar algo. De acordo com o Google, 65% dos usuários de *smartphone* utilizam este micromomento para aprender mais sobre algo que viram na TV; 1 em cada 3 consumidores prefere consultar o celular dentro da loja a pedir informações ao atendente e 74% consultam seus telefones enquanto estão em pé numa loja, decidindo qual produto comprar;

2. Momento "eu quero ir": com o apoio das ferramentas de localização, as pessoas encontram o que desejam e chegam aonde querem. A maioria (82%) dos brasileiros usuários de *smartphones* utiliza um mecanismo de pesquisa quando procuram uma empresa local, próxima de onde estão;

3. Momento "eu quero fazer": quando surge alguma necessidade, o consumidor descobre na mesma hora como fazer algo, desde colocar unhas postiças até consertar um carro. As pesquisas relacionadas a "como fazer" no YouTube cresceram 72% entre janeiro e junho de 2015, nos Estados Unidos, segundo o YT *Analytics*;

4. Momento "eu quero comprar": o consumidor decide sobre compras em todas as etapas da jornada. Segundo o Google, 79% dos consumidores brasileiros dizem que estão tomando decisões de compra mais rápido agora do que há alguns anos, em virtude das pesquisas *on-line*.

Em resumo, quando falamos de micromomentos, estamos explorando o que os *shoppers* estão fazendo durante a jornada, ou seja, quais ações estão executando.

Jornada *Omnishopper* - Daniele Motta

Tabela 1 - **Os quatro micromomentos na jornada do *shopper***

Momento Eu Quero Saber	Momento Eu Quero Ir	Momento Eu Quero Fazer	Momento Eu Quero Comprar
79% dos usuários on-line no Brasil dizem que estão procurando mais informações agora, comparado há alguns anos	82% dos usuários de smartphones no Brasil utilizam um mecanismo de pesquisa quando procuram uma empresa local, próxima de onde estão	Mais de 2 milhões de horas de conteúdos sobre "como fazer" foram assistidas no primeiro semestre de 2015 no Brasil. Metade desse conteúdo foi assistido em *smartphones* ou *tablets*	80% usam o smartphone para influenciar sua decisão de compra enquanto estão em uma loja
69% dos usuários brasileiros de *smarphones* pegam o telefone no meio de uma conversa para saber mais informações sobre o que foi dito	55% foi o crescimento nas pesquisas de "próximo a mim" em 2015	94% dos entrevistados utilizaram seus smartphones para ter ideias enquanto realizavam uma tarefa	33% dos consumidores informam ter feito uma compra on-line em sua cozinha e 28% em seu carro

Fonte: "A revolução dos micromomentos: como eles estão mudando as regras", estudo do Google.

Portanto, é importante ter em mente que a jornada de compra é um ponto central para entender o *omnishopper*. Mas, afinal, quem é ele? Vamos conhecer mais sobre suas características e preferências no próximo capítulo.

2. CARACTERÍSTICAS DO OMNISHOPPER

Como definição, podemos dizer que o *omnishopper* é aquele que utiliza vários dispositivos, canais, pontos de contato e plataformas para pesquisar e comprar produtos, tendo, assim, uma experiência física e digital integrada.

A palavra *"omni"* – que vem do latim *ominis* e significa todo, inteiro – reforça que o *shopper*, hoje, não tem mais barreiras para conhecer novidades, compartilhar aprendizados, pesquisar preços ou fazer aquisições em uma loja virtual ou em um estabelecimento físico.

No Brasil, 79% dos consumidores já são *omnishoppers*, de acordo com a pesquisa *"The Shopper Story 2017"*, realizada pela Criteo. Mas, afinal, quem é o *omnishopper*? Para traçar esse perfil, reunimos 10 características e as organizamos em duas partes – hábitos e atitudes e fatores sociodemográficos. Esses dados são essenciais na elaboração das estratégias *omnichannel* das empresas. Vamos conhecê-los a seguir.

Hábitos e atitudes do *omnishopper*: 6 características

1. Busca uma experiência sem fricção

O *omnishopper* anseia por um ambiente sem fricção em toda a sua experiência de compra. Isso significa que a experiência deve ser simples e mais fluida, com menos intercorrências. Para isso, as empresas precisam oferecer produtos e serviços de forma completamente integrada.

2. Ter flexibilidade para comprar e devolver onde quiser

O *omnishopper* quer flexibilidade para comprar e receber o produto, fazer o pagamento e devoluções a qualquer hora, 24 por 7, afinal, ele é orientado ao micromomento, ocasião ou missão de compra.

No mundo, ¾ dos *shoppers* envolvem-se em compras que seguem o percurso do *on-line* para o *off-line* ou vice-versa, de acordo com o estudo "The Shopper Story 2017"[2]. Por isso, cada vez mais, as empresas precisam permitir que os clientes adquiram e recebam o produto quando e onde quiserem. Atualmente, a compra *omnichannel* pode assumir diferentes formas, como, por exemplo:

- **Showrooming**: *shopper* interage com o produto em uma loja física e compra do site do mesmo varejista;
- **Webrooming**: pesquisa na internet e compra na loja;
- **Scan & Scram**: interage na loja e compra *on-line* de outro varejista;
- **Click & Collect**: compra *on-line* e retira na loja ou em qualquer ponto de retirada físico;
- **Click & Ship**: vê em uma loja, mas compra via WhatsApp por conveniência.

As modalidades *showrooming* e *webrooming* são as mais comuns, indicando que, apesar de o *omnishopper* preferir as compras *on-line*, ele ainda compra na loja física.

3. Deseja o melhor dos dois mundos

Cada vez mais, o *omnishopper* demonstra sua intenção de transitar entre o *on-line* e o *off-line*, em busca de uma experiência híbrida. Por essa razão, varejistas que estão exclusivamente no ambiente on-line ou exclusivamente no *off-line* têm clara desvantagem, porque não dominam a jornada completa do *omnishopper* e perdem a oportunidade de influenciar etapas importantes que contribuem para a decisão de compra.

---

2 Pesquisa "The Shopper Story 2017", realizada pela Criteo com 10 mil *omnishoppers* em seis países: EUA, Reino Unido, Brasil, Japão, Alemanha e França.

Para se ter uma ideia, 59% dos consumidores que compraram em *e-commerces* escolheram sites de lojas *on-line* de que já eram clientes habituais no mundo físico, segundo a pesquisa "Jornada *omnichannel* e o futuro do varejo", realizada em 2020 pela *Social Miner* e *Opinion Box*, com 2020 brasileiros de todas as regiões e classes sociais. A preferência por comprar *on-line* de quem tem loja física é explicada pela confiança e pela segurança que o *shopper* sente em relação à marca já conhecida e frequentada.

Mas o que o *omnishopper* aprecia no ambiente físico? O mesmo estudo indica que as principais razões para comprar apenas em lojas físicas são: ver ou sentir o produto (46%), praticidade (37%), considerar o frete caro em lojas *on-line* (26%), segurança (23%) e não gostar de esperar o recebimento do produto (23%).

Portanto, as vantagens da loja física estão ligadas justamente à percepção de segurança da compra, ou seja, poder ver, tocar e experimentar os produtos, além do ato da pesquisa e da compra em si. O aspecto da conveniência também é relevante, pois o *shopper* acha mais prático e rápido ir até o estabelecimento e sair com o produto nas mãos.

Já os motivos para comprar apenas *on-line* envolvem preço, praticidade e variedade: 48% dos *omnishoppers* acham mais barato comprar pela internet, 46% consideram mais prático, 39% encontram melhores promoções em *sites*, 35% pesquisam melhor o preço em sites e 34% relatam uma experiência positiva de compra.

Então, o que levaria um *shopper* a ser *omni*, unindo o melhor dos dois mundos? Benefícios como descontos, frete grátis e prazos de entrega ágeis parecem ser táticas que funcionam. De acordo com a pesquisa da *Social Miner*, boas ofertas e promoções on-line convencem 68% dos shoppers; frete grátis ou mais barato agradam 65%. Para 58% dos clientes consultados, o preço justo é um ponto positivo e 46% destacam o prazo de entrega aceitável.

Ao conhecer o perfil do *omnishopper* e entender sua jornada, é possível saber quais benefícios e ações específicas podem ser oferecidos para aumentar a fidelidade. Isso gera demandas adicionais para o varejo, que precisa dominar tanto a linguagem digital quanto a *off-line*.

4. É muito exigente

Não é de hoje que sabemos que o *shopper* está mais exigente. Mas quando falamos do *omnishopper*, esse patamar é mais elevado: ele busca conveniência e inovação, além de exigir informações claras e excelente nível de serviço.

Dados da pesquisa "The Shopper Story 2017" mostram que a insatisfação pela falta de clareza nas informações de *sites* de compra sobre troca de produtos é alta, chegando a 50% dos *omnishoppers*, seguida pela insatisfação com os prazos de entrega (40%) e pela ausência das características de produtos e marcas (39%).

5. Compra de maneira racional

O *omnishopper* é muito racional, uma vez que tem amplo acesso a informações, comentários e avaliações que servem de base para fazer uma compra mais assertiva. A pesquisa "The Shopper Story 2020", da Criteo, por exemplo, compara o *omnishopper* a um detetive: por meio de dispositivos conectados, em poucos minutos, ele lê avaliações, compara produtos, investiga a história da empresa e os comentários das pessoas nas redes sociais.

6. Gosta de interagir nas redes sociais

Não basta dar uma espiada no que os outros estão falando nas redes, o *omnishopper* gosta de compartilhar suas aquisições na *web*. Uma pesquisa do Google/YouTube[3] com *shoppers* altamente conectados de até 34 anos revela que 72% concordam que, geralmente, quando adoram uma marca, falam sobre ela para todos. Além disso, 57% concordam que, muitas vezes, dão conselhos para outras pessoas que lhes pedem antes de fazer uma compra.

---

3   Dados do mercado nacional que constam no "Estudo Global sobre o Usuário do YouTube", pesquisa do Google realizada pela Ipsos MediaCT, em 29 mercados no mundo, em 2013. No Brasil, o estudo contemplou 1.582 entrevistas, com pessoas de 13 a 64 anos.

Fatores sociodemográficos do *omnishopper*: outras 4 características

7. É altamente conectado

A conectividade é uma premissa dos compradores na era digital. Por isso, o acesso à internet é um dado que contribui para entender a abrangência do *omnishopper*. De acordo com o estudo "TIC Domicílios 2019"[4], 74% dos brasileiros (o equivalente a 134 milhões de pessoas) acessaram a internet pelo menos uma vez nos últimos três meses. Considerando aqueles que usam aplicativos que necessitam de conexão com a internet (como Uber ou serviços de *delivery*), o percentual sobe para 79%.

A maior parte da população brasileira que se declara usuária da internet vive em áreas urbanas (77%); no campo, 53% das pessoas estão conectadas.

Em todo o País, *smartphones* e outros aparelhos móveis são os dispositivos mais usados para se conectar, além de computadores e TVs. Por meio desses dispositivos, as informações mais buscadas estão relacionadas a produtos e serviços (59%), serviços de saúde (47%), pagamentos ou transações financeiras (33%) e viagens e acomodação (31%). Segundo o estudo, 90% das pessoas relataram acessar a internet todos os dias, 7% pelo menos uma vez por semana e 2% pelo menos uma vez por mês.

8. Pertence às classes mais altas

O estudo "Jornada *omnichannel* e o futuro do varejo", da *Social Miner* e *Opinion Box*, aponta que as classes AB realizam mais compras omni em todas as categorias de produtos, enquanto as classes CDE optam, principalmente, por comprar em lojas físicas dos setores de bebidas, farmácias, supermercados e *pet shops*.

Além disso, a pesquisa "TIC Domicílios 2019" mostra que

---

4 Pesquisa "TIC Domicílios 2019", sobre o acesso a tecnologias da informação e comunicação, realizada pelo Centro Regional para o Desenvolvimento de Estudos sobre a Sociedade da Informação (Cetic.br), vinculado ao Comitê Gestor da Internet no Brasil. Pesquisa de abrangência nacional, com 20.536 pessoas, coleta de dados realizada de outubro/2019 a março/2020.

o índice de acesso à internet no Brasil é bem mais alto nas classes A (95%), B (93%) e C (78%), comparado com as classes DE (57%). O percentual de usuários de internet difere também entre brancos (75%), pardos (76%), pretos (71%), amarelos (68%) e indígenas (65%).

9. Possui níveis de renda e instrução elevados

No Brasil, o *omnishopper* tem renda e escolaridade elevadas. Segundo o levantamento "TIC Domicílios 2019", o nível de acesso à *web* é de 94% entre os usuários com renda acima de 10 salários mínimos e de 61% entre os que ganham menos de um salário mínimo. Em relação ao grau de instrução, 97% dos usuários de internet têm curso superior e 16% são analfabetos ou pessoas que estão na fase da Educação Infantil.

10. É jovem

Se consideramos a faixa etária, vemos que os *omnishoppers* no Brasil são, em sua maioria, os jovens das gerações Y (nascidos entre 1980 e 1994) e Z (nascidos entre 1995 e 2015), que já cresceram no mundo digital e, por esse motivo, estão familiarizados com dispositivos móveis, comunicação em tempo real e rapidez no momento da compra. Logo, eles têm facilidade de integrar o físico e o digital.

A pesquisa "*Omnishopper*"[5] , feita pela Sociedade Brasileira de Varejo e Consumo (SBVC), mostra que as gerações Y e Z apresentam comportamentos similares como, por exemplo: compram mais pelas redes sociais (com destaque para roupas, calçados e acessórios) e preferem fazer o pagamento via boleto bancário. Cupom de desconto é um atributo valorizado por esse público.

Em contraponto, 70% dos *shoppers* da geração X (nascidos entre 1965 e 1979) compram *on-line* mais eletrônicos e eletrodomésticos, principalmente em *sites* de lojas virtuais, e pagam preferencialmente com cartão de crédito.

---

5   Pesquisa "*Omnishopper*", realizada pela SBVC, em julho de 2017, com 608 entrevistas com compradores do meio digital em todo o Brasil. Estudo divulgado em outubro de 2017..

Ao fazer esse recorte sociodemográfico, a intenção é chamar a sua atenção para o fato de que o *omnishopper* corresponde à uma determinada parcela da população. Dados como acesso à internet, renda e instrução, dentre outros, são características que precisamos considerar ao elaborar planos de ação.

Na tabela a seguir, sintetizamos as características do *omnishopper*.

Tabela 2 - **Perfil do *Omnishopper***

Características quanto às compras		Perfil sociodemográfico*	
Experiência sem fricção	Não identifica a separação de canais e anseia por uma compra sem barreiras	Conectividade	74% dos brasileiros acessam a internet
Flexibilidade de compra	Compra em diferentes modalidades, como webrooming, showrooming, click & collect, click & ship, scan & scram	Renda	61% ganham 1 salário mínimo; 86%, de 3 a 5 salários mínimos; 94%, acima de 10 salários mínimos
Disponibilidade de compra	24 x 7 – a todo momento	Instrução	97% dos usuários com curso superior acessam a rede; 16% dos analfabetos ou da Educação Infantil usam a internet
O melhor dos dois mundos	Quer o melhor da loja on-line (preço, praticidade, etc.) e da loja física (experiência sensorial, levar o produto na hora)	Localização	77% dos usuários de internet estão nas áreas urbanas e 53% nas zonas rurais
Alto nível de exigência	Exige informações claras e excelência no serviço	Classificação Racial	brancos (75%) pardos (76%) pretos (71%) amarelos (68%) indígenas (65%)
Compra racional	Amplo acesso a informações, comentários e avaliações servem de base para uma compra mais assertiva	Faixa etária	Jovens das gerações Y e Z
Interações nas redes sociais	Gosta de compartilhar suas compras na web	Dispositivos usados para acessar a internet	Smartphones (99%) Computadores (42%) TVs (37%) Videogames (9%)

*Dados Brasil retirados das pesquisas "TIC Domicílios 2019"/Cetic e "Omnishopper"/SBVC. Fonte: Autora

Impactos da pandemia: o futuro é cada vez mais *omni*

Cada vez mais, precisamos prestar atenção nas características do *omnishopper*. Nesse sentido, é preciso observar o que acontece em cada momento, pois o contexto muda hábitos e comportamentos. Estamos vivenciando justamente grandes mudanças nesta pandemia da Covid-19, que acelerou a revolução digital e gerou transformações nos hábitos de consumo das pessoas em todo o mundo, abrindo caminho para a expansão do *omnichannel*.

Diante da necessidade de distanciamento social e do fechamento das lojas físicas, o comércio eletrônico foi a alternativa (a única, em muitas ocasiões) para os *shoppers* suprirem suas necessidades. Até mesmo aqueles que desconfiavam do digital resolveram experimentar esse formato. E gostaram! Durante a pandemia, 73% dos *shoppers* brasileiros descobriram que comprar on-line é muito mais prático para determinados produtos, segundo a pesquisa "Jornada *omnichannel* e o futuro do varejo", realizada pela *Social Miner* e *Opinion Box*.

As compras virtuais vieram para ficar e geram uma maior disposição para o *shopper* seguir sua jornada de compra *omnichannel*. Para se ter uma ideia, em 2019, 29% dos brasileiros mesclaram as compras em canais digitais e físicos. Já nas intenções de compra para 2021, este índice salta para 49%, de acordo com o mesmo estudo.

Assim, familiarizado com novos canais e depois de ter passado pela experiência da pandemia, o consumidor demonstra sua intenção de transitar entre o *on-line* e o *off-line* com frequência no futuro, optando por canais de compra alternativos e por uma experiência híbrida, reforçando, novamente, o desafio de as empresas unirem físico e digital em suas estratégias.

3. CONHECIMENTO DE OMNISHOPPER APLICADO NAS ORGANIZAÇÕES

Compreender as várias dimensões do *omnishopper* é o primeiro passo para embasar decisões estratégicas. Outro grande desafio envolve estruturar a aquisição do conhecimento sobre o *shopper* e, principalmente, avançar no esforço de disseminar esse conhecimento por toda a organização, de forma transversal.

Ao longo da minha carreira, pude perceber que os fundamentos de *shopper* aplicavam-se a todas as áreas de uma empresa e compreendi que as organizações que pensavam corporativamente tendo o *shopper* no centro das decisões estavam mais preparadas para o desafio desse novo ambiente *omni*.

Algumas empresas investem valores expressivos em pesquisas de *shopper*, porém não são eficientes em disseminar, analisar, identificar *insights* e ativar um plano de ação em várias áreas. O conhecimento sobre o *omnishopper* é um valioso insumo para a tomada de decisão e, quanto mais compartilhado, mais assertivos serão a alocação de investimentos e o desenvolvimento de lançamentos. Ou seja: a organização terá uma linguagem compatível com a do *shopper*.

No Brasil, existem empresas sérias que fazem pesquisas sobre o *shopper* com a profundidade e o rigor técnico que se exigem, garantindo qualidade estatística e aderência à proposta da pesquisa. Trago para você, leitor, as informações mais relevantes que geralmente extraímos de pesquisas de *shopper* e que servem tanto para a indústria como para o varejo:

1. Quem é o *shopper* da categoria ou do varejo: revela aspectos sociais, demográficos, nível educacional e renda;

2. Qual a missão de compra predominante na categoria ou no varejo: evidencia as missões de compra, como abastecimento, reposição, conveniência, urgência, ocasião especial;

3. Quais ocasiões de compra são aderentes às categorias ou ao varejo: revelam em quais momentos o *shopper* consome/usa a categoria, como, por exemplo, na ocasião de aniversário, churrasco com amigos, mudança de casa;

4. Qual o *Job To Be Done* (JTBD)[6] da categoria ou do varejo: indica qual a solução que a categoria resolve;

5. Como o *shopper* segmenta a categoria: de que forma ele agrupa os produtos pelas semelhanças e diferenças. Dessa forma, identificamos como ele organiza os produtos em sua cesta de compras;

6. Árvore de decisão da categoria: entender a hierarquia de atributos de escolhas, ou seja, o que é prioritário no momento da escolha entre os produtos da categoria;

7. Índices de substituição de marcas ou itens: revela quais itens e/ou marcas são substituíveis entre si sem prejuízo ao *shopper*, ou seja, em quais ele não vê diferenças de atributos e, assim, poderia levar um produto no lugar de outro;

8. Nível de planejamento da categoria ou do varejo: revela se a categoria tem muitos atributos para serem considerados na tomada de decisão, contemplando um planejamento longo;

9. Matriz de atração e conversão da categoria ou do varejo: revela quais produtos ou marcas são capazes de atrair o *shopper* para a compra e quais são aqueles que, de fato, convertem-se em compra;

---

[6] JTBD na tradução: trabalhao a ser feito

10. Características da compra: demonstram quanto tempo o *shopper* gasta em cada compra e se o tempo dedicado é compatível com a quantidade de itens comprados. Podemos verificar se o *shopper* está confuso no momento da compra, dedicando tempo para entender a categoria;

11. Características do tíquete de compra: penetração, frequência, tíquete médio, itens na cesta;

12. Composição da cesta de consumo: revela quais outros produtos são levados na mesma compra. Essa informação contribui com o JTBD e com a ocasião de consumo.

A partir das informações obtidas através das pesquisas de *shopper*, torna-se importante analisá-las, extrair os principais *insights* e, por fim, divulgar essas informações por toda a organização. Criar a cultura de utilizar os dados de *shopper* requer um esforço adicional e, para tanto, podemos recorrer a ferramentas de comunicação como vídeos, infográficos, resumos e quadros nas paredes das organizações, sempre lembrando a todos para quem desenvolvemos as estratégias.

A seguir, compartilho como algumas áreas da indústria e do varejo podem aplicar, na prática, o conhecimento de *shopper*.

Inovação

Algumas organizações adotam processos de inovação consistentes, que contemplam as necessidades do consumidor, identificam lacunas de atuação e capturam tendências de consumo. Temos a oportunidade de tornar o processo de inovação ainda mais rico ao incluir a visão do *shopper*, como nos exemplos a seguir:

1. **Como o shopper segmenta a categoria**: a segmentação revela quais atributos o *shopper* leva em conta quando agrupa os produtos, ou seja, quais itens considera semelhantes e quais considera concorrentes. Com essa informação, o time de Marketing pode verificar quais são os códigos de cores e tipografias que contribuem ou dificultam o entendimento do *shopper*;

2. **Canal de compra**: a partir do conhecimento sobre a missão de compra predominante para o *shopper* de determinada categoria, é possível identificar qual canal de venda será mais aderente àquela missão;

3. **Local de compra/exposição**: com essa informação, fica mais fácil decidir o tamanho ou o tipo de embalagem, uma vez que sabemos como é o espaço físico onde o produto será exposto. Por exemplo: ao decidir sobre a embalagem da margarina, precisamos conhecer a altura da prateleira e entender se o empilhamento duplo será possível;

4. **Nível de planejamento de compra**: essa informação é muito rica para o time de Marketing entender o desafio que terá ao formular o tamanho da embalagem e as cores. Se soubermos que o item a ser lançado está inserido em uma compra planejada, ou seja, que o *shopper* compra de forma recorrente e automática, o produto a ser lançado precisará chamar mais atenção no ponto de venda.

Presenciei o lançamento de excelentes inovações de produtos, mas que, na prática, apresentaram uma série de erros: não cabiam na gôndola, não tinham altura para empilhamento ou, simplesmente, não ficavam "em pé" na prateleira. Então, a dica é: analise a pesquisa de *shopper*, faça protótipos e teste com o *shopper*.

Supply Chain

O time de *Supply Chain* também precisa entender de *shopper*. Varejo e indústria trabalham arduamente para otimizar custos e reduzir estoques, e o conhecimento do comportamento de *shopper* pode influenciar em decisões do dia a dia dessas equipes, como veremos a seguir:

- **Missão de compra/caixa de embarque**: relembrando, podemos ter produtos que fazem parte da missão de abastecimento, reposição, conveniência, urgência ou mesmo ocasiões especiais. Então, um produto consumido com baixa frequência e cuja missão de compra é muito específica implica em baixo volume de vendas e baixo giro, de tal forma que uma caixa de embarque contendo menos itens faria mais sentido e evitaria estoques elevados;

- **Ocasião de consumo/embalagem**: é importante entender em quais ocasiões de consumo o *shopper* comprará o produto. Por exemplo: entendendo a ocasião de lanche da tarde, notamos que o *shopper* escolhe um biscoito de pacote menor, para levar na bolsa. Ao capturar esse tipo de informação em pesquisas, precisaremos desenvolver um pacote mais resistente ou, do contrário, ao abri-lo, o biscoito estará quebrado.

Shopper Marketing

Para ser coerente com a importância do conhecimento de *shopper* permear a organização, a partir deste momento abordarei a área de *Trade Marketing* como *Shopper Marketing*. Assim, as estratégias de *Shopper* Marketing precisam ser elaboradas a partir do conhecimento do *omnishopper*, considerando alguns aspectos:

- **Promoções**: trazendo o exemplo de uma categoria com baixa penetração (poucas pessoas comprando), como a de chocolates, precisamos entender quais barreiras e motivações o *shopper* está identificando e, a partir daí, desenhar ações promocionais efetivas que atraiam mais compradores para ela. Algumas organizações recorrem a estratégias tradicionais, como reduzir preços, apostando na sensibilidade do *shopper* a diferentes preços. Mas, no caso de categorias de baixa penetração, esse tipo de ação costuma ser insuficiente; as vendas até aumentam momentaneamente, mas logo voltam aos patamares anteriores sem atrair novos compradores. Note, leitor, que o conhecimento do *shopper* da categoria direcionará ações promocionais para lojas físicas ou lojas *on-line*; portanto, independe de canais de vendas.

- **Material de Ponto de Venda (MPDV) físico e on-line:** a aplicação de materiais de ponto de venda deveria estar atrelada ao percurso do *shopper*, seja na loja física, seja na loja *on-line*. Ao entender em quais locais o *shopper* engaja-se e em quais apenas está de passagem, seremos capazes de aplicar os materiais adequados para chamar a atenção ou para contribuir com a tomada de decisão.

- **Ponto de contato primário:** o conhecimento de *shopper* permite entender qual é o seu local preferencial no momento da compra, isto é, o ponto de contato primário (geralmente é a gôndola). Por exemplo: as categorias de compra planejadas pelo *shopper*, ou seja, aquelas que ele coloca em uma lista de compra ou adquire de forma recorrente, devem estar prioritariamente na gôndola, e não em um ponto extra, porque o comprador já espera encontrar esse item em determinado setor da loja, em determinada gôndola. Quando mapeamos quais categorias atendem a esse comportamento do *shopper*, direcionamos esforços de abastecimento, de comunicação e mesmo de sortimento.

- **Pontos de *cross-merchandising*:** entender a cesta de consumo de uma determinada categoria, identificando os itens que são comprados conjuntamente, aponta para onde colocar um ponto de *cross-merchandising* e, assim, promover soluções de compra para facilitar a jornada do *shopper*. Essa tática pode ser utilizada não somente em estabelecimentos físicos, mas, principalmente, nas lojas *on-line*.

Vendas

Ao conhecer o *shopper*, seremos capazes de compreender quais são as alavancas de vendas da categoria. Dessa maneira, os times comerciais da indústria e do varejo poderão ativar as alavancas mais impactantes para converter em vendas. Veja alguns exemplos:

- **Tabloides físicos e virtuais:** quando o time Comercial entende o *shopper* da sua categoria, consegue saber a relevância do tabloide para as vendas. A partir daí, será capaz de tomar decisões melhores sobre os investimentos comerciais e, assim, definir quais produtos colocar no tabloide e quais não colocar;

- **Pontos de visibilidade**: entender a jornada de compra *omni* traz argumentos comerciais para negociar o que faz sentido para cada categoria. Assim, uma ponta de gôndola, um ponto extra, um espaço maior na prateleira, um *banner* de categoria ou um destaque na primeira página do *e-commerce* podem gerar mais vendas, dependendo do *omnishopper* da sua categoria. Como exemplo, vamos recorrer à categoria de cafés, que é de compra planejada e para quem a gôndola primária é fundamental para as vendas. No entanto, dentro dessa categoria, existem segmentos que estão em desenvolvimento (ou seja, são novos) e, portanto, ainda apresentam baixa penetração; nesses casos, a ativação de pontos extras será importante para chamar a atenção do *shopper*;

- **Posts em mídias sociais**: ao identificar, por exemplo, o Instagram como um ponto de contato relevante para o *shopper* da sua categoria, é possível planejar o calendário comercial com ações patrocinadas, inclusive junto com parceiros;

- ***Join Business Plan* (JBP)**: a elaboração de um plano de negócios colaborativo embasado no conhecimento de *shopper* traz a conexão mais relevante na parceria entre varejistas e indústrias e aumenta significativamente a chance de sucesso de tais planos. Ao colocar o conhecimento de *shopper* em pauta, varejo e indústria são capazes de otimizar recursos e elaborar calendários conjuntos que capturem as alavancas de *shopper*, investir em preços e promoções direcionadas e até mesmo inovar juntos, observando o comportamento e as necessidades do *omnishopper*.

Os exemplos apresentados mostram como o conhecimento de *omnishopper* empodera as equipes comerciais e dá embasamento para tomar melhores decisões, capturando ainda mais valor dos investimentos comerciais.

Finanças

O impacto do conhecimento de *omnishopper* em finanças é bastante relevante e ainda tem espaço para ser explorado nas organizações, como detalharemos a seguir.

Política de preços

Várias organizações do setor de FMCG têm incorporado em suas estruturas os times de *Pricing*, cuja responsabilidade é a construção de políticas de preços para os diversos canais de atuação e segmentos. Ao arquitetar as políticas de preços e promoções, essas equipes observam os canais de distribuição das organizações, a fim de compreender as margens que permeiam a cadeia de valor e desenham preços recomendados para os diferentes canais.

Os times de *Pricing* valem-se de algumas informações para montar as políticas de preços, como, por exemplo, canais de vendas, segmentos de atuação da categoria, principais concorrentes e, principalmente, os preços praticados ao longo do tempo, o que permite entender as margens em cada ponto da cadeia de valor.

O ponto que quero destacar é: o conhecimento de *shopper* poderia agregar valor nesse conjunto de informações consideradas na elaboração das políticas de preços. Vamos observar os dados da tabela abaixo, que traz duas visões diferentes – uma política de preço que considera concorrentes de produtos e outra que identifica concorrentes a partir das características do *shopper*:

Tabela 3 - **Política de preço considerando concorrentes e visão do *shopper***

Conforme critérios da empresa - sem pesquisa de *shopper*		Gap de preços Definição das referências	Utilizando a pesquisa de *shopp* entendendo quem substitui quer	
Produto A	Concorrente A	5% mais caro	Produto A	Concorrente
Produto B	Concorrente B	9% mais caro	Produto B	Concorrente
Produto C	Concorrente C	15% mais barato	Produto C	Concorrente
Produto D	Concorrente D	8% mais caro	Produto D	Concorrente

As informações à esquerda da tabela representam a estratégia tradicional de preços normalmente adotada pelas organizações e que utiliza os seguintes critérios para determinar um concorrente: participação de mercado, estar na mesma região geográfica, ter qualidade semelhante, dentre outros, dependendo do setor. Dessa forma, notamos que o produto A será comparado ao concorrente A, o produto B ao concorrente B, e assim por diante. Portanto, os times de *Pricing* recomendarão o posicionamento de preço de cada produto de acordo com a referência do concorrente mapeado.

Já à direita da tabela, temos uma estratégia de preço que contempla o conhecimento de *shopper*. A partir da pesquisa de *shopper*, foi possível identificar quais produtos o *shopper* identifica com a mesma proposta de valor. Nesse caso, o produto B, por exemplo, disputa com o concorrente A; o produto D, com o concorrente B. Assim, sabendo quais são os produtos concorrentes sob a ótica do *shopper*, o time de *Pricing* arquitetará os preços por canal de forma mais assertiva.

Um exemplo prático pode contribuir para ilustrar esse ponto: na ótica de um *shopper* jovem, o segmento de *capuccinos* entrega o mesmo valor do segmento de achocolatados, pois, na lógica deste comprador, ele adicionará *capuccino* ou achocolatado ao seu leite no café da manhã. Assim, quando vai ao ponto de venda, ele não enxerga somente os produtos de *cappucinos* nas gôndolas, mas também olha para a gôndola de achocolatados para a tomada de decisão final. Então, ao não considerar o conhecimento de *shopper*, os times de *Pricing* desenharão políticas observando apenas os demais concorrentes de *cappucino* em vez de mapear os preços de achocolatados. Esse exemplo ratifica a importância de considerar o olhar do *shopper* no momento de mapear os preços.

A árvore de decisão da categoria é outro conhecimento muito rico na elaboração de políticas de preços, uma vez que revela a hierarquia de atributos da categoria e, logo, a importância de preço e promoção para o *shopper*. As pesquisas sobre árvore de decisão do *shopper* demonstram quais atributos de uma categoria são mais relevantes na decisão de compra. Por exemplo: ao saber que o *shopper* coloca o atributo embalagem (vidro, pacote, lata, plástico) como relevante, o time de *Pricing* consegue calibrar melhor os concorrentes com quem vai trabalhar.

Missão de compra

O entendimento de missão de compra (verificado nas pesquisas de *shopper*) é importante para indicar o quanto o preço será relevante na compra total do *shopper*. Se a missão de compra for abastecimento (caracterizada pela alta quantidade de itens da cesta, tíquete total mais alto e baixa frequência de compra), o time de *Pricing* entenderá que o preço pode exercer uma influência maior, pois o *shopper* precisa ter um orçamento para adquirir todos os itens de que necessita.

Por outro lado, se a categoria ou o varejista tiverem como missão predominante a reposição, caracterizada por alta frequência de compra e poucos itens comprados, o atributo preço terá outro valor para o *shopper*.

No entanto, se a missão de compra prioritária for conveniência, caracterizada por frequência média e menos itens levados na cesta de compra, a equação de preço poderá ter um significado menor e, assim, o *Pricing* desenhará faixas de preços que capturem o valor da conveniência.

Tempo

Outra consideração importante na formação de preço é o tempo. Ao ter contato com as pesquisas de *shopper*, os times de *Pricing* podem entender melhor a relação entre preço e tempo, representada na Figura 4, que revela o seguinte: o *shopper* com alta disponibilidade de tempo procura por preços mais baixos e escolhe canais de venda que tenham essa proposta de valor. Já aquele que tem baixa disponibilidade de tempo está disposto a pagar um preço maior, pois seu objetivo é a conveniência. Neste caso, canais que oferecem conveniência serão os escolhidos.

Figura 4- **Equação tempo e preço para o shopper**

[Tempo | Preço]

Portanto, se o time de *Pricing* entende o *shopper* e quais canais ele busca conforme sua equação de tempo-preço, conseguirá determinar quais canais competem entre si na proposta de valor.

Preços em lojas *on-line*/digitais

Enquanto as equipes de *Pricing* estão desenhando políticas de preço com foco específico nos pontos de contato digitais, observo que a maioria das empresas ainda segue a premissa de oferecer o mesmo preço ao *shopper*, replicando os preços dos canais de venda física nas lojas *on-line*.

Nesse cenário, os times de *Pricing* têm desafios adicionais, como monitorar preços nos canais digitais (que podem mudar a cada hora) ou dificuldade de entender o preço praticado nos programas de CRM por parte dos varejistas, uma vez que é possível oferecer preços distintos para clientes diferentes.

Esses foram alguns exemplos de como o conhecimento do *omnishopper* pode ser traduzido em ações práticas que envolvem vários departamentos da empresa, ajudando a nortear escolhas estratégicas mais direcionadas às expectativas do *shopper* da sua categoria.

4. COMO CONSTRUIR A JORNADA DE COMPRA DO OMNISHOPPER

Assim como o *shopper*, o processo de compra também se transformou e ganhou novos contornos na era digital, levando-nos ao conceito de jornada de compra *(path of purchase,* em inglês). Antes da internet, a busca por um produto pressupunha um percurso simples e linear, porque havia menos informações disponíveis para o consumidor – basicamente a televisão, o rádio, os familiares e os amigos eram as fontes para obter dados sobre um produto que se desejava comprar. A compra era feita, geralmente, em um estabelecimento físico.

Hoje, o *shopper* tem poder de decisão, é conectado e tem acesso a muitas opções de produtos, serviços e informações. Nesse novo cenário, dizemos que o *shopper* segue uma jornada de compra, ou seja, ele percorre diferentes canais, dispositivos, mídias e pontos de contato, tanto no ambiente físico quanto no digital, sem uma ordem pré-estabelecida, até adquirir, efetivamente, o produto. É como se o *shopper* passasse de uma trajetória em linha reta para um caminho cheio de curvas. A jornada é menos previsível, porém oferece múltiplas oportunidades para as empresas explorarem.

O percurso do *shopper* mudou, mas é importante dizer que o conceito de processo de compra, com o FMOT e o ZMOT, não deixou de existir; ele continua fazendo parte da jornada de compra. Processo e jornada são diferentes, porém complementares. A questão é que, no contexto atual, falar apenas em processo de compra não é mais suficiente, principalmente ao considerar a influência do digital.

No quadro abaixo, é possível visualizar, de maneira mais detalhada, essas diferentes abordagens.

Quadro 1 - **Características do processo e da jornada de compra**

	Processo de compra	Jornada de compra
Sequência	Compra linear Sequência lógica	Compra não linear Sequência com várias lógicas
Canais de venda	Mais impactado pelo físico	Digital e físico misturam-se
Pontos de contato	Mais restrito, em função do acesso digital (poucos pontos de contato)	Mais ampla, em função do acesso digital (mais pontos de contato e que podem servir a propósitos diferentes)
Tempo até a compra	Depende do grau de planejamento da categoria	Pode ser mais curta, se identificar o micromomento e o ponto de conversão mais significativo
Gatilho/Job To Be Done (JTDB) ou Trabalho a ser realizado	Momentos mais definidos Missão de compra	Micromomentos

Vamos compreender melhor cada uma dessas características:

• **Sequência**: com a era digital, surge uma ampla possibilidade de caminhos para o *shopper* percorrer na sua jornada de compras, que não segue um fluxo linear, não tem uma sequência pré-estabelecida. Usando um *smartphone*, ele consulta um *link*, que pode levar a outro, e depois a outro; uma nova aba abre-se no *browser* e novas conexões são formadas e, assim, ele pode comprar, por exemplo, uma batedeira de um amigo do prédio que vende o item por catálogo no *link* enviado por WhatsApp;

- **Canais de vendas**: a jornada de compra está necessariamente atrelada ao ambiente *on-line* e ao *off-line*. Por isso, o ideal é que esses dois mundos complementem-se, para proporcionar uma experiência ainda mais rica para o *shopper*;

- **Pontos de contato**: é preciso entender os pontos de contato (físicos e digitais) do *shopper* e sua influência na conversão, lembrando que um *touchpoint* pode ser acessado em diferentes momentos da jornada e com propósitos diversos. Geralmente, a jornada de compra compreende vários pontos de contato;

- **Tempo até a compra**: este é o aspecto mais difícil de precisar, pois, dependendo do grau de planejamento da categoria, o *shopper* pode demorar mais ou menos tempo até a aquisição. Além disso, fatores como lembrança de marca ou recorrência na compra podem reduzir o tempo de compra. De forma geral, a compra está mais racional para a maioria das categorias e a busca por informações impacta no tempo da jornada, tornando-a mais longa;

- **Gatilho/*Job To Be Done* (JTBD)**: a jornada de compra pode estar atrelada a micromomentos, em que as decisões passam a ser tomadas em instantes de impulso. Como mencionado no capítulo 1, podemos observar quatro micromomentos: quero saber, quero fazer, quero ir, quero comprar. Outra abordagem da jornada está relacionada ao *Job To Be Done* (ou trabalho que dever ser feito) do *shopper*, que pode ser entendido como o problema que ele quer resolver com a compra. Quando entendemos o *Job To Be Done* da categoria, temos mais chances de entregar valor percebido para o shopper e encurtar a jornada.

Na prática

Para tornar esses conceitos mais claros, vamos verificar alguns exemplos, começando pelo processo de compra de café, que pode seguir alguns passos:

1. Assistindo à TV, vejo uma propaganda de café;
2. Faço uma lista do que preciso comprar;
3. Vou tomar um café na cafeteria e gosto do café; anoto a marca;
4. No dia de fazer as compras, pego o carro e vou ao supermercado;
5. Em frente à gôndola de cafés, demoro cerca de 32 segundos para decidir qual marca e embalagem comprar. Comparo preços entre as marcas e pronto!
6. Coloco o pacote de café no carrinho;
7. Em casa, preparo o café e, se a experiência for boa, conto para vizinhos ou parentes que receberei em uma visita;
8. Então, assisto a outras propagandas na TV ou descubro uma marca nova nas revistas ou, em uma tarde animada na casa da tia, experimento um café diferente e gosto bastante;
9. E, assim, o processo de compra inicia-se novamente, mas talvez, na gôndola, vou notar a tal marca que experimentei na casa da tia.

Ao descrever esse processo, mesmo dessa forma simplista, é possível identificar algumas dimensões: as fases do processo, quem interagiu, pontos de contato, lugares visitados, marcas escolhidas, tempo entre planejamento e compra.

Agora vamos à jornada de compra de café:

1. À noite, enquanto assisto à novela, passando pelo Facebook, sou impactada por uma propaganda de um *workshop* sobre café;

2. Interesso-me, saio do Facebook e entro no site da marca que está promovendo o *workshop* gratuito;

3. Fico empolgada, afinal, eu sempre quis aprender mais sobre cafés. Naquela mesma noite, começo a montar a lista de mercado que precisarei fazer na semana;

4. Acesso o site do *workshop* e descubro que haverá experimentação de vários tipos de cafés para aprender a diferenciar os grãos, as torras e tudo o mais;

5. Vou ao supermercado fazer as compras e paro em frente à gôndola de cafés. Fico lá por 5 minutos lendo rótulos, daí descubro novas marcas e benefícios e consigo sentir o aroma de algumas marcas;

6. Ainda dentro da loja, pego o celular e entro em um site para conferir as avaliações das marcas que desconhecia;

7. Decido, então, experimentar um café diferente daquele que costumo comprar;

8. Coloco o pacote de café no carrinho;

9. Em casa, preparo o café especial e conto para minhas amigas e meus familiares sobre a nova experiência e da expectativa de aprender mais sobre café;

10. Tiro uma foto do meu café e faço uma postagem no Facebook ou no Instagram, marcando um amigo que também gosta muito de café;

11. Faço o curso e descubro quais as características que preciso avaliar em um café. Começo a experimentar novos locais de compra, lojas de *e-commerce* e venda de pequenos fabricantes. Neste momento, meus critérios de escolha estão em mutação, incluindo atributos que antes não eram importantes;

12. Vou contar na minha rede, afinal não basta saber, é preciso compartilhar!

13. Não por acaso, começo a receber visualizações de marcas de cafés no Facebook e no Instagram.

Esses exemplos mostram que, quando queremos entender a jornada de compra, aspectos como ambiente físico e *on-line* misturam-se e não têm uma sequência pré-estabelecida. Cada ponto de contato pode ter uma função e um poder de influência, e o tempo entre planejar e comprar pode variar, dependendo da navegação.

Construindo a jornada de compra da sua categoria

Depois de conhecer melhor a jornada, estamos prontos para embarcar na elaboração da estrutura (ou *framework*, em inglês), com o objetivo de entender o quanto o *shopper* de uma categoria pode ser *omni*. Vamos montar um mapa que combina a jornada de compra com os pontos de contato físicos e *on-line*, modelo que batizei de *Omni Shopping Journey* (OSJ) – Jornada de Compra *Omni*. Construí essa proposta com o objetivo de organizar e conjugar os dados da jornada a partir de conhecimentos, erros e acertos, enfim, de toda a experiência que adquiri ao longo da minha carreira.

A partir do OSJ, será possível desenhar estratégias para encurtar a jornada ou para reforçar a conversão de um ponto de contato. Para se ter uma ideia, a pesquisa *"The Shopper Story 2020"*, realizada pela Criteo, apontou que os shoppers levam até 28 dias entre o primeiro contato e a finalização da transação em uma loja *on-line*. Aliás, grande parte desse período ele passa pesquisando. Contudo, esse tempo pode ser reduzido se o *shopper* souber a marca que está procurando. Por esse motivo, é importante salientar que a etapa de pesquisa (ZMOT) torna-se muito relevante, uma vez que o *shopper* precisa fazer a melhor compra, aumentando a segurança de um bom negócio.

O OSJ é um mapa com indicadores que ajuda a compreender e a visualizar, de forma gráfica, a jornada do seu *shopper*. Esse modelo pode servir para a maioria dos negócios, tanto da indústria quanto do varejo, porém deve ser ajustado conforme as necessidades de cada categoria. Considerando as diferentes estruturas organizacionais das empresas, o OSJ pode ser construído pelas equipes de *Trade* ou *Shopper Marketing*, mas também pelos times de pesquisas, geralmente chamados de *Customer Management Insights* (CMI).

Modelo *Omni Shopping Journey* (OSJ) – Jornada de Compra *Omni*

Passo 1 - **Conhecer o processo de compra**

Para começar, vamos considerar um processo de compra dividido em quatro etapas, como mostra a **Figura 5**.

Figura 5 - **Processo de compra**

Descobre a necessidade	Planeja a compra	Efetua a compra	Pós-compra
Descoberta / Gatilho/estímulo	Pesquisa / Escolhe o canal	Compra / Avalia	Consome / Relaciona

1. **Descoberta da necessidade**: a primeira etapa ocorre quando o *shopper* desperta a vontade de comprar e começa a pesquisar sobre o produto ou serviço;

2. **Planeja a compra**: na segunda, ele inicia o planejamento da compra e escolhe onde vai comprar – um site, um *marketplace*, uma loja física ou através do WhatsApp, por exemplo;

3. **Efetua a compra:** a terceira fase é quando o *shopper* adquire o bem ou serviço e analisa a sua experiência, considerando se pagou um preço justo, se foi bem atendido, se a loja ficava perto de casa ou outros atributos de avaliação da compra;

4. **Pós-compra:** a etapa final refere-se ao momento em que o produto ou serviço será consumido. Nesta fase, atributos como sabor, caimento, aroma ou sensação serão compartilhados. Se a experiência com o produto for boa, certamente o *shopper* voltará a comprá-lo e contará para várias pessoas; se o varejo proporcionou uma experiência superior, também merecerá a lealdade do *shopper*.

Passo 2 - **Descobrir os pontos de contato**

Na sequência, é preciso fazer um levantamento de todos os pontos físicos ou digitais que o *shopper* pode percorrer em sua categoria. Isso pode ser feito por meio de pesquisas, observações ou levantando hipóteses.

Na **Figura 6**, listei alguns pontos de contato para ajudar você a iniciar o levantamento das possibilidades. Fique à vontade para completar com o que entende ou pesquisou sobre os pontos de contato da sua categoria, lembrando que cada negócio precisará refletir suas peculiaridades. Em seguida, será importante destacar se o ponto de contato é físico ou digital; recomento utilizar cores ou ícones para destacar graficamente essas diferenças.

Figura 6 - **Lista de pontos de contato *on-line* e *off-line***

TV aberta	Google
Loja Física	Loja *on-line*
Revista	YouTube
Amigos	Facebook
Tabloide	Instagram
Vendedor	Mensagem*
Viu na rua	Reclame aqui

*Whatsapp/ Telegram

Passo 3 - **Conectar os pontos de contato e o processo de compra**

Agora é a hora de fazer o cruzamento do processo de compra com os pontos de contato. Note que, provavelmente, alguns pontos de contato serão repetidos ao longo da jornada.

Para melhor compreensão, apresento um exemplo fictício da compra de um carro; listei os pontos de contato possíveis, independentemente da relevância que um *shopper* poderia ter ao efetuar a compra. A **Figura 7** ilustra como organizar as informações

Figura 7 - **Pontos de contato e processo de compra para aquisição de um carro**

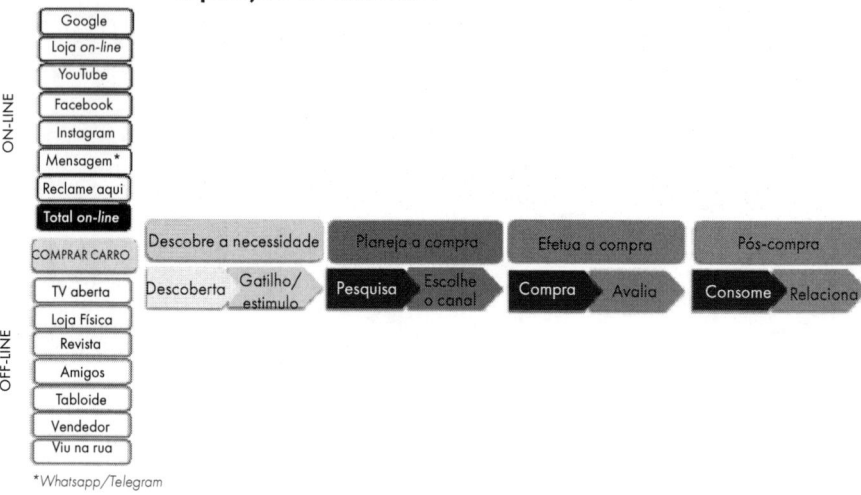

ON-LINE
- Google
- Loja on-line
- YouTube
- Facebook
- Instagram
- Mensagem*
- Reclame aqui
- Total on-line

COMPRAR CARRO

OFF-LINE
- TV aberta
- Loja Física
- Revista
- Amigos
- Tabloide
- Vendedor
- Viu na rua

Descobre a necessidade → Planeja a compra → Efetua a compra → Pós-compra

Descoberta → Gatilho/estimulo → Pesquisa → Escolhe o canal → Compra → Avalia → Consome → Relaciona

*Whatsapp/Telegram

Passo 4 - **Entender a participação dos pontos de contato**

Neste passo, é necessário fazer uma pesquisa quantitativa para verificar a participação (em percentual) de cada ponto de contato para cada etapa da jornada. Para isso, verifique a quantidade de *shoppers* que citaram cada *touchpoint*. Não é preciso atribuir pesos para cada ponto de contato, apenas considere a quantidade de *shoppers*. Depois, calcule a participação percentual dos pontos *on-line* e *off-line,* sendo que a soma deve resultar em 100% para cada etapa do processo de compra.

Figura 8 - **Participação dos pontos de contato na jornada de compra omni**

	Descobre a necessidade	Planeja a compra	Efetua a compra	Pós-compra
Total on-line	75%	48%	24%	70%
Total off-line	25%	52%	76%	30%

Neste exemplo, concluímos que o ambiente *on-line* teve uma representatividade superior na etapa 1 (descoberta da necessidade), ao contrário da etapa 3 (efetuando a compra), em que o ambiente físico assume o protagonismo.

Passo 5 - **Montar o mapa OSJ**

Com esses dados prontos, agora já conseguimos elaborar o mapa OSJ, que vai ilustrar a jornada de compra de um carro e os indicadores dos pontos de contato físicos e *on-line*.

Figura 9 - **Mapa Omni Shopping Journey (OSJ) – Jornada de Compra Omni**

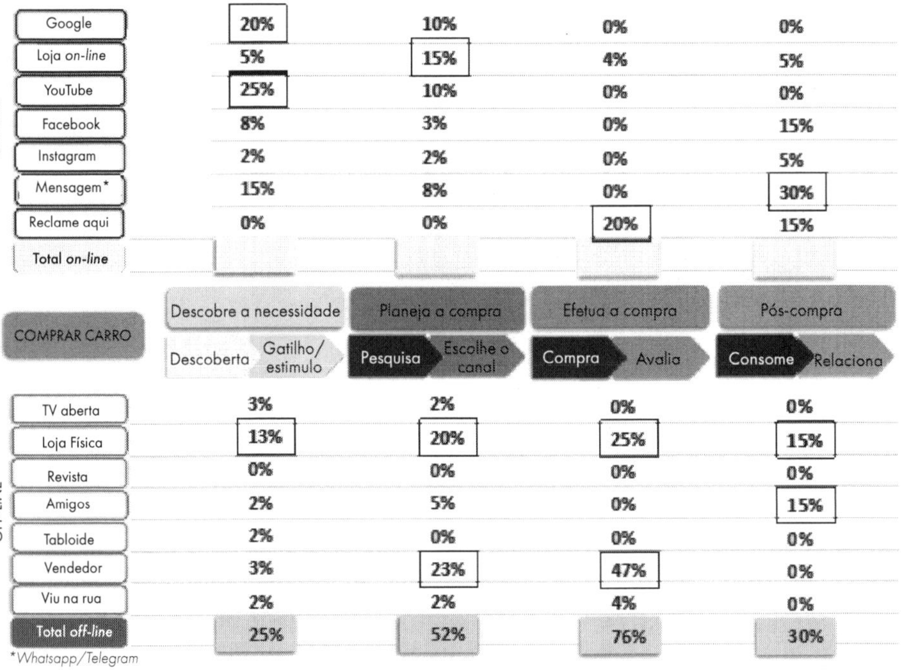

		Descobre a necessidade	Planeja a compra	Efetua a compra	Pós-compra
		Descoberta / Gatilho/estímulo	Pesquisa / Escolhe o canal	Compra / Avalia	Consome / Relaciona
ON-LINE	Google	20%	10%	0%	0%
	Loja on-line	5%	15%	4%	5%
	YouTube	25%	10%	0%	0%
	Facebook	8%	3%	0%	15%
	Instagram	2%	2%	0%	5%
	Mensagem*	15%	8%	0%	30%
	Reclame aqui	0%	0%	20%	15%
	Total *on-line*				
COMPRAR CARRO					
OFF-LINE	TV aberta	3%	2%	0%	0%
	Loja Física	13%	20%	25%	15%
	Revista	0%	0%	0%	0%
	Amigos	2%	5%	0%	15%
	Tabloide	2%	0%	0%	0%
	Vendedor	3%	23%	47%	0%
	Viu na rua	2%	2%	4%	0%
	Total *off-line*	25%	52%	76%	30%

*Whatsapp/Telegram

Continuando com o exemplo da compra de um carro, na **Figura 9**, podemos ver que a participação do Google representou **20%** dentre os pontos de contato *on-line* considerados para a etapa 1, e a loja física representou **13%** nessa mesma etapa, no caso do *off-line*. Perceba que a somatória de 100% está alocada dentre todos os pontos de contato possíveis para cada etapa, o que nos revela também a importância das dimensões *on-line* e *off-line* ao longo da jornada.

A partir dos dados acima, podemos extrair algumas análises:
1. A importância de cada ponto de contato por etapa;
2. A importância dos ambientes *on-line* ou *off-line* de cada etapa;
3. A quantidade de pontos de contato possíveis em cada etapa;
4. Se os 100% totalizarem todos os pontos de contato ao longo de todas as etapas, descobriremos qual ponto de contato é o mais relevante para toda a jornada;
5. Índice *Omni Shopping Journey* (OSJ) – Jornada de Compra *Omni*, ou seja, o quanto a jornada mescla *on-line* e *off-line*.

Com essas informações, seremos capazes de tomar decisões sobre onde alocar os investimentos e entender em quais pontos de contato precisamos ter maior atenção em cada etapa. Conseguiremos também ajustar a mensagem e a função do canal, pois saberemos sua relevância na jornada.

Finalizando o passo 5 – **Desenhando o OSJ**

Para complementar o mapa OSJ e ilustrar a jornada de compra do carro, neste exemplo fictício, plotamos os percentuais de destaque em cada ponto de contato, a fim de demonstrar graficamente a relevância durante a jornada. Nesta imagem, é fácil perceber a trajetória do *shopper*, que percorre vários *touchpoints* de forma não linear.

Figura 10 - **OSJ: Jornada de Compra Omni e pontos de contato**

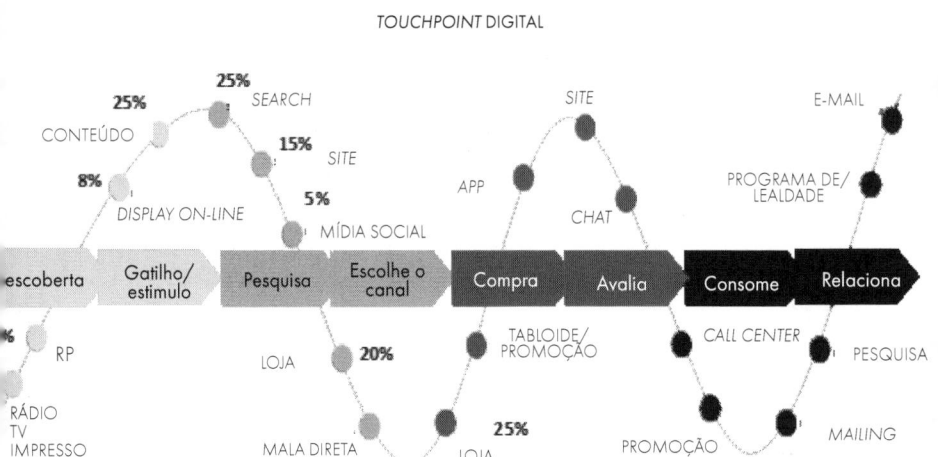

TOUCHPOINT DIGITAL

	Descoberta	Gatilho/ estímulo	Pesquisa	Escolhe o canal	Compra	Avalia	Consome	Relaciona
Digital	CONTEÚDO 25% / DISPLAY ON-LINE 8%	SEARCH 25% / SITE 15% / MÍDIA SOCIAL 5%			APP	CHAT	SITE	E-MAIL / PROGRAMA DE LEALDADE
Físico	RP / RÁDIO / TV / IMPRESSO / OUTDOOR		LOJA 20% / MALA DIRETA		LOJA 25%	TABLOIDE/ PROMOÇÃO	CALL CENTER / PROMOÇÃO	PESQUISA / MAILING

TOUCHPOINT FÍSICO

Passo 6 - **Verificar as ações do *shopper* em cada ponto de contato**

Para concluir o mapa *Omni Shopping Journey* (OSJ) – Jornada de Compra *Omni*, é preciso conhecer o comportamento do shopper em cada ponto de contato. A recomendação é entender quantitativamente qual a função daquele ponto de contato, ou seja, para que ele serve.

Na **Figura 11**, podemos visualizar as ações possíveis (aprender sobre o produto, explorar marcas e benefícios, experimentar o produto, esclarecer dúvidas sobre ele, adquiri-lo e interagir nas redes sociais) em determinado ponto de contato. Neste exemplo, o *shopper* pode aprender sobre carros no YouTube, no Instagram, na TV aberta e em tabloides, tanto na etapa em que descobre as necessidades quando na de planejamento da compra.

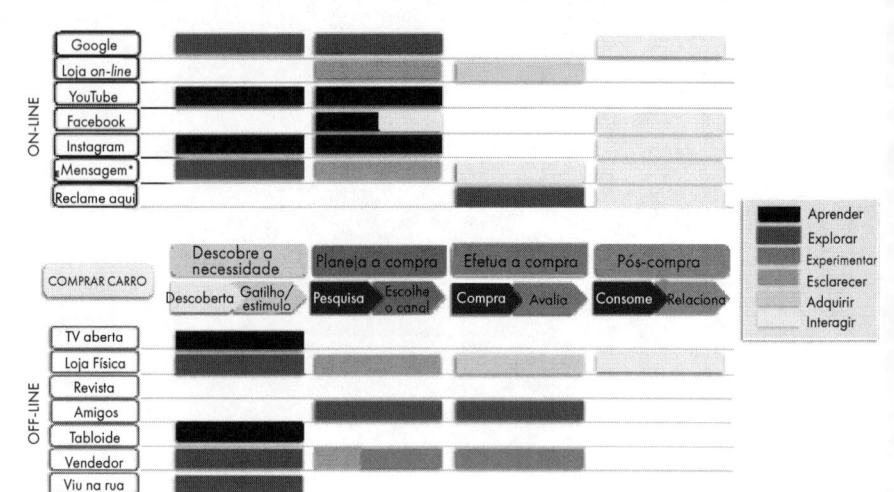

Figura 11 - **OSJ: Jornada de Compra Omni com ações**

*Whatsapp/Telegram

Aspectos que podem influenciar o diagnóstico da jornada

O OSJ muda de acordo com cada categoria ou produto e, por isso, é necessário considerar alguns pontos no levantamento dos dados e na elaboração do *framework*. A seguir, destaco alguns aspectos comuns que podem influenciar o diagnóstico da jornada:

• **Segmentação sociodemográfica**: dependendo da categoria, recomendo fazer segmentações das amostras de *shoppers* na pesquisa (passo 2), de tal forma que as diferentes amostras possam revelar características diferentes no OSJ. Por exemplo: se a amostra da pesquisa tiver como recorte uma determinada região, os resultados quantitativos refletirão os aspectos daquela amostra e, portanto, não podem ser generalizados para as demais regiões, sob o risco de desenharmos estratégias pouco efetivas. Ou, se o foco for analisar a jornada do público jovem, a amostra precisa ter uma quantidade significativa de pessoas nesta faixa etária. Assim, se em sua categoria as características sociodemográficas forem significativas, recomendo utilizar essa segmentação para extrair o OSJ;

- **Segmentação por frequência de compra**: outra segmentação que pode revelar diferentes OSJs está relacionada à frequência de compra, de tal forma que o *shopper* que compra com muita frequência a sua categoria (*heavy user*) pode revelar comportamentos diferentes daquele que compra eventualmente ou com baixa frequência (*light user*). Entendemos que um comprador recorrente pode usar a jornada de forma mais eficiente e menos exploratória;

- **Pesquisa qualitativa**: temos o desafio de entender qualitativamente a participação do ponto de contato, uma vez que não temos a jornada conectada em sistemas interligados e existem dificuldades em calcular o impacto financeiro atrelado a alguns pontos de contato. Por exemplo: saber o quanto realmente uma ponta de gôndola ou uma publicação no Facebook geram em vendas. É possível extrair *insights* qualitativos dos indicadores do OSJ, utilizando, por exemplo, tecnologias como câmeras, IoT (Internet das Coisas) e *Wi-Fi* para observar o comportamento do *shopper* e, assim, contribuir com a correlação quantitativa dos pontos de contato;

- **Satisfação**: nos exemplos apresentados, não abordamos o aspecto de satisfação que o *shopper* tem em cada ponto de contato, ou seja, se a interação foi positiva ou negativa. Seria necessária a realização de pesquisas qualitativas para compreender os atributos de satisfação, bem como barreiras e facilitadores que o *shopper* encontrou.

Agora que temos o OSJ e a função que cada ponto de contato exerce na jornada, seremos capazes de elaborar as estratégias e as táticas que vão capturar o valor dos *insights* que extraímos. Podemos entender qual a melhor comunicação para cada ponto, o preço e a promoção adequados, onde e como investir, lembrando que cada categoria terá sua peculiaridade.

Vamos conhecer exemplos de planos de ação no próximo capítulo.

5. DESENHANDO ESTRATÉGIAS A PARTIR DA JORNADA DE COMPRA OMNI

Com o *Omni Shopping Journey* (OSJ) – Jornada de Compra *Omni* da categoria pronto, vamos desdobrá-lo em estratégias efetivas e desenhar planos de ação para cada etapa da jornada.

Para facilitar a análise do OSJ, a sugestão é trabalhar com recursos visuais, como os gráficos a seguir, que apresentam o cruzamento entre as dimensões de pontos de contato e etapas do processo de compra, desenhando a jornada. Esta é uma maneira de os times de Marketing, *Trade* Marketing e Vendas verem mais nitidamente as oportunidades que podem extrair a partir dos dados.

Para iniciar essa análise, vamos verificar a relevância dos canais *on-line* e *off-line* no OSJ e, depois, observar cada etapa da jornada separadamente. Essa avaliação vai nos informar quais etapas são mais *on-line* e quais são mais *off-line*.

No Gráfico 1, observamos os totais dos canais *on-line* e *off-line*, considerando o exemplo da compra do carro apresentado no capítulo anterior. Entendemos que a jornada de compra *omni* é evidenciada na etapa **planejamento**, uma vez que *on-line* e *off-line* alcançaram valores próximos (48% e 52%, respectivamente).

As demais etapas apresentaram maior relevância em um ou outro canal. Por exemplo: na etapa da **descoberta**, o canal *on-line* teve relevância de 75%, enquanto o *off-line* foi de 25%. Já na etapa **compra**, identificamos a maior relevância no *off-line*, com 76%, o maior índice entre todas as etapas. Portanto, esse dado indica que é preciso olhar com mais atenção para a etapa de compra.

Gráfico 1 - **Totais OSJ – *on-line* e *off-line***

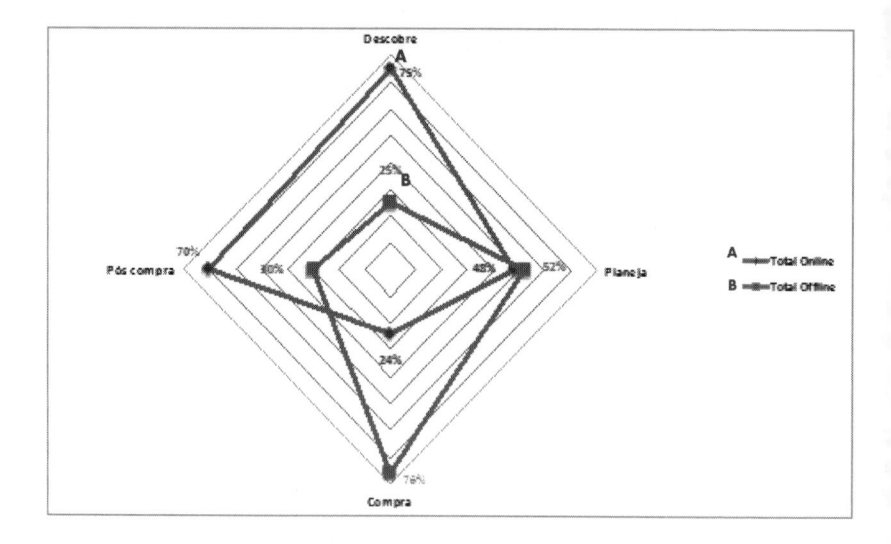

Conhecendo os totais das etapas, vamos identificar os pontos de contato e a participação de cada uma. Para essa análise, sugiro a utilização do gráfico de radar, que combina os elementos de pontos de contato *on-line* e *off-line* em cada etapa do processo e os conecta com o percentual de participação, formando a jornada de compra omni.

No **Gráfico 2**, note que os pontos de contato *off-line* estão à esquerda e os pontos de contato *on-line*, à direita; as linhas que conectam esses pontos estão relacionadas ao processo de compra. Observando a linha C (etapa compra), concluímos a importância do ponto de contato **vendedor**, seguido da **loja física** e depois do **Reclame Aqui**[7]. E, assim, entendemos a força de cada ponto de contato para colocarmos energia e recursos para capturar valor.

---

7   Reclame Aqui é uma plataforma de soluções de conflitos entre consumidores e empresas no Brasil. A plataforma também produz índices sobre reputação das marcas e confiança nas relações de consumo.

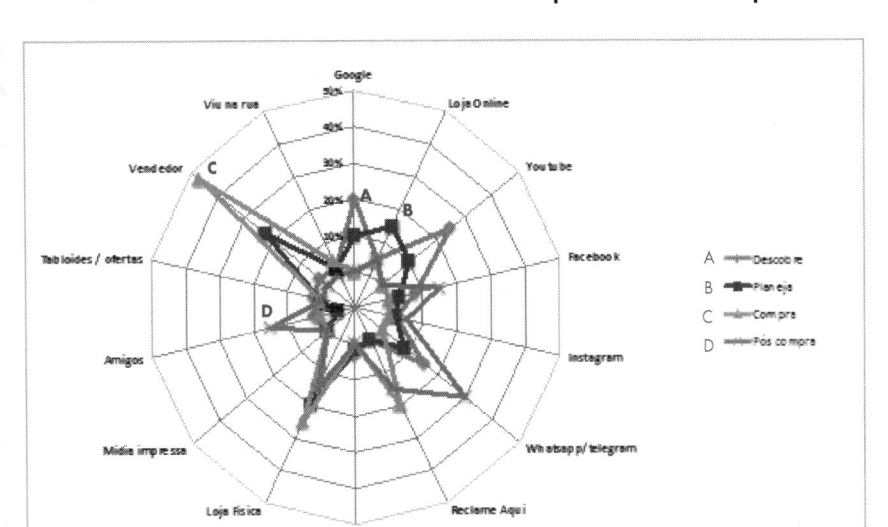

Gráfico 2 - **Pontos de contato durante o processo de compra**

[Gráfico de radar mostrando pontos de contato: Google, Loja Online, Youtube, Facebook, Instagram, Whatsapp/telegram, Reclame Aqui, TV aberta, Loja Física, Mídia impressa, Amigos, Tabloides/ofertas, Vendedor, Viu na rua. Legenda: A - Descobre, B - Planeja, C - Compra, D - Pós compra]

Depois de tirar algumas conclusões a partir da leitura dos gráficos, chega o momento de desenhar as ações possíveis, lembrando que o exemplo da compra de um carro é meramente ilustrativo. As áreas de *Trade*, *Shopper* Marketing e Marketing devem pensar conjuntamente as estratégias, como as que sugiro a seguir, em cada uma das etapas do processo de compra.

1 - Etapa da descoberta (linha A do gráfico)

Normalmente, o momento da descoberta da necessidade acontece quando o *shopper* está mais aberto às novidades, ou seja, quando o sistema 1 (automático) está em baixa e o sistema 2 (lento) está ativado (como vimos no conceito de Daniel Kahneman, no capítulo 1), investindo energia na busca e na captura de conhecimento.

Voltando ao exemplo do carro, no quadro abaixo, organizamos as informações obtidas no OSJ – de um lado, a sequência do ponto de contato e, do outro lado, a função dos pontos de contato –, e assim, vamos elaborar o plano de ação:

Sequência dos pontos de contato	Função do ponto de contato
• Youtube • Google • Mensagens Whatsapp/Telegram • Loja Física • Facebook • Loja On-Line • Tv Aberta • Vendedor • Tabloides • Instagram • Amigos • Viu Na Rua • Reclame Aqui • Revista Impressa	• Aprender: Youtube, Instagram, TV Aberta, Tabloides • Explorar: Google, Mensagens Whatsapp/Telegram, Loja Física, Vendedor, Viu Na Rua

Plano de ação:

a. Investir no Google, palavras-chave, *Search Engine Optimization* (SEO) ou Otimização para Mecanismos de Busca;

b. Produzir conteúdo para o YouTube com vídeos aspiracionais, ensinando sobre as diferenças entre os carros;

c. Elaborar uma comunicação focada em novidades, curiosidades, elementos de atração de atenção;

d. Criar oportunidades dentro da loja que, neste momento, serve tanto de vitrine para atrair (viu na rua), como ponto de exploração. Sugiro, por exemplo, criar momentos que permitam ao *shopper* explorar as partes externa e interna dos carros;

e. Promover campanhas de marketing para destacar o melhor motor, o assento mais confortável ou outro atributo relevante para o *shopper* na tomada de decisão.

2 - Etapa do planejamento (linha B do gráfico)

Tendo passado pela etapa da descoberta, o *omnishopper* já se deparou com alguns modelos de carros e começa a formar sua opinião sobre eles, atribuindo valor aos benefícios que cada um apresenta. Provavelmente, ele já elegeu os modelos preferidos.

Agora, começa a fase de eliminação por meio da comparação entre os veículos, mas ainda é possível influenciar o *shopper* e entrar para a lista de marcas preferidas. O plano de ação nesta fase está embasado no que aprendemos a partir do OSJ:

Sequência dos pontos de contato	Função do ponto de contato
• Vendedor • Loja física • Loja *on-line* • Google • YouTube • Mensagens Whatsapp/Telegram • Facebook • Instagram • TV aberta • Viu na rua	• Aprender: YouTube, Instagram, Facebook • Explorar: Google e amigos • Experimentar: vendedor • Esclarecer: vendedor, loja física, loja *on-line*, mensagens Whatsapp/Telegram • Interagir: Facebook

Plano de ação:

1. Papel do vendedor: é importante esclarecer que o ponto de contato **vendedor** normalmente aparece como relevante em dois momentos do OSJ – na etapa de planejamento e na de compra. Ao identificar essa dupla relevância, a sugestão é separar as funções, sendo:

    a. Vendedor *expert*: com a reponsabilidade de apresentar os benefícios da marca, comparar benefícios e fazer recomendações;

    b. Vendedor que negocia: com a responsabilidades de negociar valores e serviços, além de capturar barreiras e motivações para a compra;

    c. Vendedor *omnishopper*: utiliza as ferramentas digitais para contribuir com a experiência do *shopper* dentro da loja;

2. **Loja como *showrooming*:** a loja física pode criar um caminho de encantamento (ou seja, um espaço dedicado dentro dela) para chamar a atenção para os benefícios do veículo e fazer com que o *omnishopper* entenda e compare os carros de marcas diferentes. A loja deve proporcionar experiências sensoriais, explorando desde o ronco dos motores até a maciez dos bancos;

3. **Atributos:** criar, na loja *on-line*, tabelas de comparação de atributos do carro, dar peso a eles e apresentar pesquisas de satisfação. Talvez, até criar um simulador automático que facilite a comparação das características entre os carros para, dessa forma, capturar o que é importante, essencial e indispensável para o consumidor;

4. ***Test drive*:** no exemplo, não foi colocada a relevância do *test drive* como *touchpoint*, mas acredito que é algo a ser verificado e mais explorado pelas concessionárias como um ponto de experimentação com alto poder de influência e de comprovação dos atributos mais interessantes da marca.

3 - Etapa da compra (linha C do gráfico)

O *omnishopper* chegará à loja física com muitas informações sobre carros e pronto para a tomada de decisão. Ele já saberá os preços e as condições e estará disposto a negociar. Sabendo que a loja exerce papel preponderante nessa categoria, será definitivo dedicar tempo e atenção a este ponto de contato. O plano de ação sugerido está apoiado no que aprendemos no OSJ:

Sequência dos pontos de contato	Função do ponto de contato
• Vendedor • Loja física • Reclame Aqui • Viu na rua • Loja *on-line*	• Explorar: Reclame Aqui e amigos • Interagir: mensagens Whatsapp/Telegram • Adquirir: loja física e loja *on-line*

Plano de ação:

1. Ambientação da loja física: o espaço deve estar preparado para receber o *omnishopper*, considerando que a loja física foi relevante em dois momentos da jornada, com características muito distintas, uma mais encantadora (descoberta) e a outra mais decisiva (compra). Dessa maneira, a loja física pode criar:

   a. Ambientes que conduzam o *omnishopper* para o caminho do encantamento, com elementos de descoberta e aprendizagem;

   b. Ambientes que criem uma atmosfera propícia para a negociação, porém de uma maneira mais interessante do que vemos atualmente, ou seja, que reflita a experiência do *shopper* que está investindo em um bem caro e tomando uma decisão impactante para a sua vida e a da sua família. É importante pensar fora da caixa, pois vemos, invariavelmente, que as concessionárias de veículos adotam para esses ambientes apenas mesas duras que colocam *shopper* e vendedor em lados opostos e cadeiras desconfortáveis que acenam dizendo "não fique aqui por muito tempo", sem contar as máquinas de café automáticas, que não proporcionam uma experiência muito agradável;

2. Loja física digitalizada: é preciso oferecer recursos para que o vendedor possa, dentro da loja, proporcionar uma experiência digital, acessando, por exemplo, o simulador que compara atributos dos veículos, como comentamos na etapa de planejamento. A utilização de totens de autosserviço ou *tablets* que permitam aos *shoppers* fazer suas buscas também pode contribuir;

3. Capacitação: treinar o vendedor para negociação é essencial. O time que vende será o elemento-chave na tomada de decisão do *shopper*, devendo ser capacitado para entender o cliente e capturar suas expectativas, além de oferecer as melhores condições comerciais para realizar uma venda de valor.

A loja física exerce um papel importante no OSJ e, por essa razão, proporcionar experiências agradáveis deveria ser uma prioridade. Nesse sentido, aproveito para compartilhar uma experiência pessoal, com o objetivo de mostrar que há oportunidades para o varejo aperfeiçoar suas estratégias.

Recentemente, na jornada para comprar um carro, eu e minha família visitamos aproximadamente 15 concessionárias. Na maioria delas, os vendedores não pareciam treinados e tinham dificuldade para falar sobre os carros; eles estavam pautados em discursos automáticos e não consideraram em qual etapa estávamos. Enfim, havia muito para capturar e melhorar a jornada de compra.

Lembro que em uma das ocasiões fomos à concessionária para verificar o tamanho do porta-malas, pois seria difícil imaginar a medida de 210 litros ou de 363 litros. Então, a visita à loja tornava-se fundamental. Mas, ao chegarmos, os porta-malas não abriam porque não estavam com a bateria carregada. E, assim, seguimos para outra marca.

Também chamou a atenção a falta de cuidado e conforto nas lojas, desde o café oferecido (que era de máquina), passando pela água (um bebedouro), o ambiente pouco iluminado e o uniforme dos vendedores. Recordo que um deles chegou com a chave do carro mais caro da concessionária presa num chaveiro quebrado e envolto com fita adesiva e barbante; em outra situação, o vendedor prometeu enviar o catálogo de carros pelo WhatsApp, mas as informações nunca chegaram.

Somente duas concessionárias ofereceram *test drive* como forma de experiência e, preciso dizer: foi após o *test drive* que decidimos qual carro compraríamos. A experiência foi ótima! Lembro que o carro "cheirava a novo" e o vendedor colocou uma trilha sonora incrível, que me remeteu a um momento mágico; ele também escolheu, propositalmente, um caminho cheio de buracos, para sentirmos os amortecedores. Confesso que me senti dentro de um comercial de carros. Aquele vendedor soube explorar os sentidos.

Essa situação aconteceu comigo e com minha família e, com certeza, deve estar acontecendo agora mesmo com outros *shoppers*. A loja física é muito importante na jornada de compra de um carro e poucos vendedores conseguiram impactar positivamente a nossa escolha.

Situação semelhante ocorre em outras categorias, como a de moda. Apesar de as vendas *on-line* terem crescido muito, a loja física exerce um papel importante na experimentação para o *shopper* entender o caimento e ter certeza sobre a cor da peça. Sob essa ótica, questiono por que as empresas de moda permanecem trabalhando com provadores tão apertados, mal iluminados, em quantidade pequena, ou não criam um provador onde a esposa ou o marido possam entrar e participar dessa decisão conjuntamente.

Enfim, temos debatido muito, no mercado, sobre o futuro da loja física; ouvimos falar que ela perde importância ou que seu papel será explorar o aspecto sensorial da compra – conforme abordaremos no capítulo 7. Porém, o convite que faço, neste livro, é justamente entender a jornada de compra da sua categoria e basear os planos táticos de *Trade* Marketing, Marketing e Vendas nesse conhecimento.

Etapa do pós-compra (linha D do gráfico)

Há quem diga que depois de adquirir o produto, nada mais importa. Mas a etapa pós-compra tem se tornado relevante na medida em que influencia outros compradores, interfere na satisfação e estabelece um relacionamento com o *shopper*.

Além disso, é uma etapa capaz de manter a fidelização, o que significa lucro maior. Afinal, sabemos que clientes fiéis advogam pela marca, são mais engajados e compram recorrentemente. O plano de ação desta fase leva em conta os seguintes elementos do OSJ:

Sequência dos pontos de contato	Função do ponto de contato
• Mensagens Whatsapp/Telegram e Facebook • Reclame Aqui • Loja física e amigos • Loja *on-line* e Instagram	• Interagir: Google, Facebook, Instagram, mensagens, Whatsapp/Telegram e Facebook, Reclame Aqui e loja física

Plano de ação:

a. Mídias sociais: o *omnishopper* adora compartilhar suas experiências, as boas e as ruins, nas mídias sociais. Aproveitando isso, incentivar o compartilhamento de opiniões e criar plataformas para que ele possa se expressar será importante para a marca capturar e realimentar, de forma construtiva, as mudanças necessárias em casos de reclamações e sugestões. Uma pesquisa do Google/YouTube[8] mostra que consumidores altamente conectados são 1,3 vezes mais propensos a se tornar defensores da marca;

b. Monitorar as redes sociais: uma quantidade incrível de informações e dados estão disponíveis nas mídias sociais para as marcas conseguirem melhorar seus processos, inovar ou identificar o que as diferencia da concorrência. Fique de olho nisso;

c. Amigos e mensagens: quem compra um carro novo quer contar para todo mundo e se tornar um embaixador da marca (ou não). Que tal disponibilizar vários *posts* lindos com mensagens interessantes para o *shopper* que comprou um carro enviar para sua rede de amigos?

d. Reclame Aqui: essa plataforma tornou-se uma fonte de consulta importante para a tomada de decisão. Por essa razão, monitorá-la é fundamental;

e. Manter contato: telefonar ou enviar SMS, Whatsapp, app *push* ou *e-mail* marketing após a compra, questionando sobre a satisfação do usuário e comunicando sobre promoções de algum acessório que a marca tenha lançado;

f. *Customer Relationship Management* (CRM): é uma das ferramentas que podem ser utilizadas para manter o relacionamento com o *shopper*. Quando bem estruturada, permite que essa relação seja construída e torne-se forte o suficiente até o momento da recompra.

---

[8] "Estudo Global sobre o Usuário do YouTube", pesquisa do Google realizada pela Ipsos MediaCT

É interessante relatar que, na minha experiência de compra do carro, a etapa de pós-compra teve alguns aspectos positivos e outros que merecem atenção. Após a aquisição, notamos uma falha no sistema de alerta da ré e recorremos ao vendedor, que foi o principal interlocutor. Naquela ocasião, o vendedor retornou nosso contato e disse que era importante acionar a oficina e, então, a revisão foi feita, o que nos deixou felizes. O ponto de melhoria fica por conta da comunicação depois da compra do veículo: recebemos duas pesquisas de satisfação e um código promocional para trocar de carro. No entanto, poderíamos ter recebido notificações parabenizando pela aquisição ou acesso ao canal exclusivo de clientes que contam suas aventuras com o novo carro.

Finalizamos as sugestões de planos de ação possíveis para a jornada de compra *omni*, utilizando como exemplo a aquisição de um carro e reforçando o OSJ como ponto de partida. Desenhar esse tipo de estratégia é sempre mais produtivo quando há colaboração entre as áreas da empresa.

6. EMPRESAS OMNISHOPPER: VISÃO DA INDÚSTRIA

O OSJ indica o quanto uma categoria é omni e essa característica reflete-se em desafios para as organizações, como vimos anteriormente, seja no desenho de planos de vendas, seja no planejamento de marketing. Neste capítulo, vamos explorar os impactos de uma organização que coloca o *omnishopper* no centro das decisões e que, portanto, repensa estruturas, processos e indicadores, a fim de promover essa cultura. O contexto tão único da era digital é propício para repensarmos ou construirmos uma nova mentalidade *omnichannel* nas indústrias, como veremos a seguir.

A necessidade de responder cada vez mais rápido às mudanças do mercado e do consumidor tem impactado o planejamento estratégico da indústria, desafiando, por exemplo, o conceito dos 4 Ps do Marketing (Preço, Produto, Praça e Promoção), concebido por Philip Kotler. O Preço e a Promoção, hoje, dependem de muitas variáveis, e a Praça pode ser qualquer lugar do mundo, se considerarmos os efeitos do *cross-border* (compras que fazemos fora do País, sem sair de casa). Quando pensamos no Produto, estamos diante de inovações disruptivas que entregam propostas de valor difíceis de concorrer.

O modelo criado por Michael Porter, que mapeia as 5 Forças dos negócios (Ameaça de produtos substitutos, Ameaça de novos entrantes, Poder de negociação com clientes, Negociação com fornecedores e Rivalidade entre concorrentes) também está sendo colocado em xeque por novos modelos de negócios que surgiram, como Uber, Netflix ou Airbnb, só para citar alguns. As 5 Forças já não são mais suficientes para abarcar o impacto do digital nos negócios.

Apesar de desafiador, acredito que estamos vivendo um momento incrível atualmente, com o privilégio de revisitar conceitos e paradigmas.

Omnishopper no centro das organizações

Muito tem se falado de organizações que colocam o shopper no centro dos negócios, e aqui faço um pequeno ajuste: é preciso colocar o *omnishopper* no centro. Empresas focadas no **omnishopper** entendem o OSJ da sua categoria e garantem que a interação entre os pontos de contato do *shopper* seja produtiva, eficiente e traga resultados, fazendo com que os departamentos que interagem na jornada trabalhem conjuntamente.

Ao focar no *omnishopper*, a empresa faz uma escolha entre suas diversas prioridades internas que concorrem entre si. Dependendo do perfil e dos desafios de cada organização, é necessário promover mudanças na estrutura e no modelo de gestão para colocar o *omnishopper* no centro dos negócios, o que pode impactar em processos estabelecidos e até mesmo demandar a aquisição de novas ferramentas.

Faço o convite para que as organizações enfrentem o desafio de implementar uma cultura centrada no *omnishopper*, pois essa escolha tornou-se relevante por alguns motivos:

1. É mais barato: desenhar estratégias de Vendas e Marketing conhecendo o *shopper* permite investir em ações com maior certeza de sucesso;

2. Ser o escolhido: o *shopper* está munido de uma grande quantidade de informações e dezenas de opções de compras na palma da mão; logo, a concorrência está a apenas um clique de distância. Manter a atenção e a fidelidade do *shopper* é um desafio menor para aqueles que o conhecem;

3. *Shopper* em rede: hoje, o *shopper* está conectado com uma rede de pessoas e, portanto, influencia e é influenciado por elas a todo momento. Ao entender a jornada de compra do shopper e como ele toma decisão, é possível impactar uma grande quantidade de pessoas.

Modelos de gestão aderentes ao *omnishopper*

Quando colocamos o *omnishopper* no centro da organização, precisamos revisitar o modelo de gestão para entender o quanto ele impulsiona o trabalho integrado entre departamentos. Vamos observar dois modelos de gestão geralmente adotados pelas empresas e suas principais características:

- Modelo de gestão mecanicista – características como a precisão, a segurança e a responsabilidade são valorizadas neste modelo, que é recomendado para as organizações que têm a produção em série como meta principal. Para *Burns* e *Stalker*, ele funciona em empresas com necessidade de padronização e sistemas de controle burocráticos. Aliás, no modelo mecanicista, a burocracia é permanente e rígida e, geralmente, baseada na hierarquia e no alto comando. Os vários níveis hierárquicos são apresentados como uma pirâmide, com muitas pessoas na base e poucas nos níveis superiores;

- Modelo de gestão orgânica – surgiu a partir da necessidade de sobrevivência das organizações em um ambiente de mercado cada vez mais instável e competitivo, que exige uma alta capacidade de adaptação às constantes mudanças. O modelo orgânico requer uma estrutura organizacional adaptável, com um sistema de decisões descentralizado e hierarquia flexível. É caracterizado por menos níveis hierárquicos, portanto mais horizontal e com poder de decisão mais distribuído.

Tendo em vista esses dois modelos tão diferentes, qual deles poderia favorecer o trabalho das indústrias com foco no *omnishopper*? Acredito que o modelo orgânico, mais flexível e descentralizado, poderia ser mais adequado, porque permite que os vários departamentos trabalhem conjuntamente para uma meta única. Além disso, propicia a tomada de decisão de maneira mais rápida, o que revela ser uma excelente vantagem competitiva.

Quando colocamos o *omnishopper* no centro das decisões e entendemos a jornada omni, a OSJ, torna-se necessário redesenhar alguns processos, como veremos adiante, eliminando e incluindo atividades que geram valor ao *shopper*. No entanto, na minha avaliação, há vários desafios que as empresas ainda precisam vencer para adotar um modelo mais flexível e, depois, com foco no *omnishopper*:

- **Estruturas funcionais:** temos a tendência natural de nos agrupar em tribos ou com quem temos maior afinidade. Nas indústrias, de maneira geral, os desenhos das estruturas funcionais reforçam isso, com a formação de silos organizacionais, em que os times de Marketing, Vendas e Finanças criam seus próprios ambientes, narrativas e indicadores, trocam pouco entre si e estão mais orientados às suas funções e entregas, em vez de proporcionar valor para o *shopper*;

- **Escolha de metas:** incentivos financeiros podem mover o comportamento das pessoas, deslocando a atenção dos colaboradores e impedindo que atuem em favor do *omnishopper*. Seria difícil pedir para os funcionários do Marketing trabalharem para o *shopper* quando serão recompensados por atingirem os indicadores de seu departamento, ou pedir que os colaboradores de Vendas escolham entre seus próprios bônus e o que é melhor para o *shopper*. Portanto, é necessária uma revisão na escolha dos indicadores, a fim de garantir a prioridade no *omnishopper*, além de incentivar os times a colaborar entre si.

Inovação em organizações *omnishopper*

A inovação tornou-se uma prioridade para as indústrias, com o objetivo de impulsionar novos negócios num mundo cada vez mais digital. Um dos grandes desafios é incorporar a inovação à cultura da empresa e integrá-la ao modelo de negócios. Organizações que colocam o *shopper* no centro aumentam suas chances de sucesso ao observar quais atributos e benefícios o *shopper* valoriza. Logo, serão capazes de inovar de maneira mais assertiva em produtos e serviços.

A partir do momento em que a empresa conhece, por exemplo, seu OSJ, ela pode desenvolver um plano de ativação dos pontos de contato mais efetivos. Com o conhecimento do *omnishopper*, os times comerciais terão excelentes argumentos para negociar a inclusão das inovações nos pontos de venda. Hoje, as inovações falham muito, porque a indústria não conhece o *shopper* e a equipe de Vendas não tem argumentos suficientes baseados em *shopper* para fazer com que o varejista cadastre de forma mais rápida os lançamentos.

Ao colocar o *omnishopper* no centro das decisões, torna-se importante eleger ferramentas e processos que capturem a jornada de compra e tragam informações que permitam às organizações inovar. Na minha visão, as ferramentas devem ser:

1. Ferramentas para escutar: capturar o que os *shoppers* estão dizendo/escrevendo sobre produtos e serviços nas mídias sociais, no SAC ou em outros canais;

2. Ferramentas para rastrear: entender como o *shopper* movimenta-se entre os pontos de contato; ferramentas de geolocalização podem revelar áreas de deslocamento do *shopper*;

3. Ferramentas para interagir: criação de laboratórios de inovação que permitam experimentar e obter retorno rápido por parte do *shopper*;

4. Ferramentas para cocriar: criação de comitês de *shoppers* e plataformas de inovação conjunta.

Segmentação de mercado em empresas *omnishopper*

Além da estrutura organizacional, acredito ser necessário aplicar a visão do omnishopper com maior ênfase nas áreas de Vendas e *Shopper* Marketing. Para isso, apresento uma nova proposta para as indústrias colocarem o fator *omnishopper* na estratégia de segmentação dos clientes varejistas.

Mas, antes de prosseguirmos, é importante diferenciarmos rota ao mercado e segmentação de clientes varejistas, processos importantes que a indústria realiza e que estão conectados com sua estratégia de abordagem de mercado.

A rota ao mercado é um processo em que a indústria entende como seus produtos chegarão aos *shoppers*, de tal forma que seleciona os canais de distribuição. A rota pode ser direta (geralmente atendida diretamente pela equipe da indústria) e indireta (realizada por algum intermediador, como atacadistas, distribuidores, *brokers* ou representantes, por exemplo).

Já o processo de segmentação normalmente praticado tem como objetivo identificar os clientes varejistas mais valiosos para a organização, de acordo com uma série de critérios. Com a segmentação, a ideia é conseguir direcionar os recursos da indústria, como: pessoas dedicadas, investimentos, inovações, prioridades de entrega, dentre outros. Hoje, existem alguns modelos de segmentação que preveem critérios quantitativos e qualitativos para identificar e classificar todos os clientes varejistas, tais como:

1. Peso do cliente no faturamento;
2. Contribuição para a margem;
3. Relevância geográfica;
4. Contribuição na imagem de marca;
5. Excelente parceria – construção de JBP – Plano de Negócios Colaborativo;
6. Excelente parceria – iniciativas disruptivas;
7. Aderência ao sortimento prioritário;
8. Missão de compra predominante;
9. Distância dos centros de abastecimento.

Geralmente, são atribuídos pesos diferentes para cada critério, o que permite identificar com mais clareza os clientes que contribuem mais significativamente para o que é relevante para a organização. Assim, é possível termos como resultado de uma segmentação a classificação dos clientes varejistas em Ouro, Prata ou Bronze, sendo que os clientes Ouro são os que recebem as maiores pontuações nos critérios escolhidos, como mostra a **Figura 12**.

Figura 12 - **Resultado do processo de segmentação dos clientes da indústria**

Clientes Ouro — 50
- Trabalham com 100% do sortimento prioritário
- São mais rentáveis para a empresa
- São clientes colaborativos em termos JBP

Clientes Prata — 200
- Trabalham com 50% do sortimento prioritário
- São rentáveis para a empresa
- Estão em uma região importante para a organização

Clientes Bronze — 1000
- Trabalham com 20% do sortimento prioritário
- São menos rentáveis para a empresa

A seguir, visualizaremos um exemplo do que a indústria vai oferecer para os clientes Ouro, Prata e Bronze.

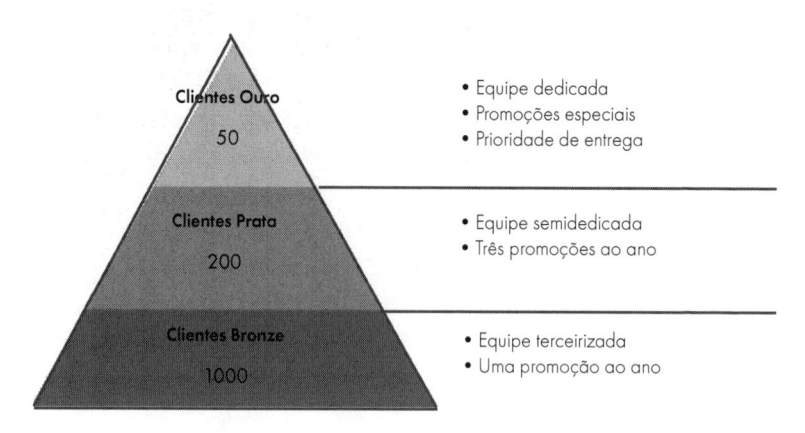

Figura 13 - **Benefícios oferecidos aos clientes de acordo com a segmentação**

Clientes Ouro
50
- Equipe dedicada
- Promoções especiais
- Prioridade de entrega

Clientes Prata
200
- Equipe semidedicada
- Três promoções ao ano

Clientes Bronze
1000
- Equipe terceirizada
- Uma promoção ao ano

Agora que está mais clara a questão da segmentação, vamos refletir como contemplar o conceito de *omnishopper* neste processo. Na nova proposta, é necessário incluir na segmentação dois critérios: varejo *omni* e aderência ao ponto de contato da jornada de compra. Vamos a eles:

• **Varejo omni** – é o varejista que atua de forma integrada em canais de vendas *off-line* e *on-line* ou está presente nos canais digitais por meio de parceiros *last mile*, *marketplace* e *live streaming*, dentre outros canais de vendas digitais. Varejistas omni receberiam uma pontuação maior, uma vez que oferecem mais pontos de contato e maior chance de atender ao *omnishopper*. É válido esclarecermos que existem varejistas que atuam somente em um dos canais e são chamados de *pure play* (jogo único, em tradução livre): varejistas ou *marketplaces* que vendem somente pelo canal digital, como Amazon e Mercado Livre, são considerados *pure play* digital; varejistas que oferecem apenas canais de vendas físicos são considerados *pure play* físico. Nestes dois casos, *pure play* digital ou *pure play* físico, os varejistas teriam uma pontuação menor;

- **Aderência ao ponto de contato da jornada** – é necessário entender os pontos de contato da jornada de compras e organizar esses dados conforme a sua importância. Por exemplo: se o Instagram for identificado como importante na jornada de compra de determinada categoria e o varejista que está sendo avaliado estiver presente no Instagram, ele receberá um percentual de aderência maior. Ou, caso o YouTube apareça como relevante na jornada de compra *omni* e o varejista não possua este canal, ele receberá um percentual de aderência menor. Ao final, os varejistas que estiverem presentes nos pontos de contato relevantes estarão melhor classificados e receberão maior percentual de aderência.

Assim, teremos uma nova segmentação que incorpora o varejo *omni* e a aderência ao ponto de contato da jornada como critérios relevantes, conforme ilustrado na **Figura 14**.

Figura 14 - **Segmentação de clientes varejistas a partir do conceito de *omnishopper***

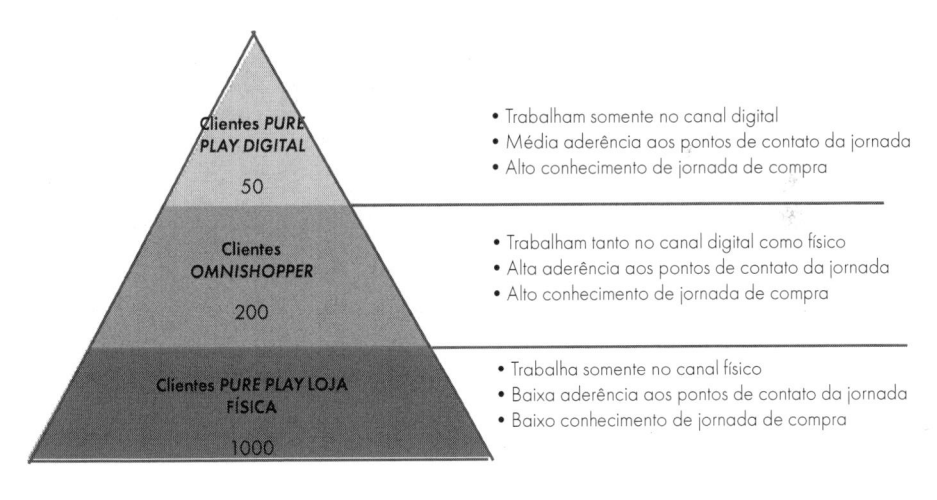

Clientes PURE PLAY DIGITAL — 50
- Trabalham somente no canal digital
- Média aderência aos pontos de contato da jornada
- Alto conhecimento de jornada de compra

Clientes OMNISHOPPER — 200
- Trabalham tanto no canal digital como físico
- Alta aderência aos pontos de contato da jornada
- Alto conhecimento de jornada de compra

Clientes PURE PLAY LOJA FÍSICA — 1000
- Trabalha somente no canal físico
- Baixa aderência aos pontos de contato da jornada
- Baixo conhecimento de jornada de compra

A revisão dos critérios de segmentação, incluindo varejo omni e aderência aos pontos de contato, traz implicações importantes na organização, uma vez que será necessário entender se o perfil comercial que atenderá a esses clientes será diferente, se as estruturas de *Shopper* Marketing estarão alinhadas com essa segmentação ou se as ferramentas de captação de preços serão diferentes para que os times de *Pricing* elaborem políticas de preços corretas. Vamos refletir, a seguir, como as organizações poderiam alterar suas estruturas para capturar valor na nova segmentação proposta.

Estrutura Omnivendas

No Brasil, as indústrias estão sempre evoluindo em termos de modelos de estruturas comerciais. Por isso, acredito que seria muito produtivo adotar também a visão *omnishopper* na estratégia de vendas e, assim, avançar para um modelo mais conectado com as demandas digitais.

Em geral, observo situações em que um varejista *omni-channel* é atendido por dois times comerciais da indústria separadamente – um com foco nos canais digitais e outro voltado para os canais físicos. A principal vantagem desse modelo é a atenção dedicada de cada time, permitindo profundidade – o que, por sua vez, é fruto de especialização. Já entre as desvantagens podemos citar o fato de não potencializar os investimentos em função da visão fragmentada das alavancas do cliente varejista e, principalmente, não explorar a jornada como um todo. Contudo, há de se considerar que precisaremos capacitar os times comerciais atuais em novas linguagens e indicadores.

Na nova visão *omni*, a alternativa seria montar um time unificado para atender aos canais físicos e digitais, modelo que faria mais sentido no caso em que a categoria apresente pontos de contato digitais relevantes.

Novamente, a utilização do *Omni Shopping Journey* (OSJ) da sua categoria poderia servir de base para nortear a melhor decisão sobre qual modelo adotar.

Estrutura de *Omnishopper* Marketing

Outra área impactada com a proposta da nova segmentação baseada no quanto o cliente varejista atende ao *omnishopper* é o *Shopper* Marketing, ou melhor, o *Omnishopper* Marketing. Atualmente, observo essas estruturas organizadas por canais, seguindo um modelo tradicional. Mas acredito que é possível evoluirmos. A seguir, exploro alternativas de como poderiam ser as novas estruturas do *Omnishopper* Marketing:

1. Por índice OSJ: estruturas dedicadas ao *pure play* físico, *pure play* digital e aos clientes varejistas-omni que operam com ecossistemas de *last mile*, CRM, *live streaming*, etc. As estratégias de *portfólio*, loja perfeita, calendário promocional e ativações estariam dedicadas de acordo com a segmentação de clientes-varejistas;

2. Por etapa de compra: uma estrutura dedicada para cada etapa de compra (descoberta, planejamento, compra e pós-compra). Cada estrutura saberia quais ferramentas operar, qual comunicação adotar e indicadores para acompanhar;

3. Por ocasião de consumo: uma estrutura dedicada ao consumo imediato (ex: *on the go, grab & go*) e outra focada no consumo no lar, por exemplo. As estratégias de *portfólio*, varejo, comunicação, preço e promoção seriam pensadas de acordo com as ocasiões de consumo.

Tendo isso em mente, as equipes de *Omnishopper* Marketing planejariam as atividades para capturar valor na jornada do *omnishopper*, como, por exemplo:

- Destinar investimentos para pontos de contato que são relevantes para o *omnishopper*;
- Formular materiais de comunicação para pontos de contato físicos e digitais de forma integrada, reduzindo a fricção da mudança de ambiente;
- Oferecer *portfólio* diferenciado para o canal físico e

para o canal digital, entendendo as peculiaridades e a potencialidade/limitação de visibilidade de cada um;
- Entregar estratégias com mais valor para o time Comercial trabalhar com varejistas-*omni*;
- Formular calendários dinâmicos que capturem outras propostas de valor para o *omnishopper*, de tal forma que não somente as datas sazonais sejam exploradas.

Quando pensamos na reestruturação dos times de *Omnishopper* Marketing, vale observar quais ferramentas serão necessárias implementar para garantir que as estratégias omni sejam realizadas e tragam os retornos esperados. Também é necessário compreender quais capacidades e habilidades precisaremos desenvolver para trabalhar as alavancas dos pontos de contato digitais e físicos de forma complementar.

Reforço que a indústria precisa evoluir do modelo de *Trade* Marketing para *Shopper* Marketing e, agora, *Omnishopper* Marketing, se quiser capturar valor da jornada e manter-se relevante para os varejistas.

O conhecimento do OSJ da sua categoria impacta a organização como um todo e impõe desafios importantes, desde capacitação de times à revisão de estruturas, passando pela segmentação de clientes, mas, principalmente, traz o desafio de promover cada vez mais o trabalho integrado dos times, formando uma só equipe que planeja e executa pensando no *omnishopper*.

No próximo capítulo, veremos como o varejo também pode trabalhar com maior foco no *omnishopper*.

7. OMNISHOPPERS FREQUENTAM OMNICANAIS: VISÃO DO VAREJO

O varejo global movimenta 14.9 trilhões de dólares, sendo que as vendas *on-line* estão se tornando cada vez mais relevantes – já representando 15,4% do total de faturamento em 2021, segundo o Euromonitor. Esse dado confirma a mudança de paradigma que está ocorrendo no varejo: o digital ganha cada vez mais força. Para responder a essa transformação, o varejo precisa olhar para a jornada do *shopper* de ponta a ponta e de forma integrada, ou seja, oferecendo o melhor dos dois mundos, *on-line* e *off-line*. Não é à toa que as marcas vêm apostando alto em estratégias *omni*.

A Nike, por exemplo, investiu 1 bilhão de dólares nas estratégias *omnicanal* em 2019, segundo dados do "*Omnichannel Leadership Report* 2019-2020", relatório da NewStore que avalia a *omnicanalidade* de cerca de 200 marcas e varejistas nos Estados Unidos. A companhia tem combinado o físico com o digital, apostando em várias frentes, como em seu aplicativo Nike App, melhorando a capacidade analítica dos dados, além de oferecer diversas experiências em suas lojas físicas, desde a customização dos calçados até armários inteligentes para retirada de mercadorias adquiridas nos canais digitais.

O mesmo estudo aponta alguns avanços que já ocorreram nas estratégias omni do varejo de forma geral: 56% das marcas pesquisadas permitem que o consumidor devolva um produto comprado *on-line* em suas lojas físicas, um crescimento de 33% na comparação entre 2019 e 2018. Além disso, 74% das empresas possibilitam o uso de pagamentos digitais nas lojas físicas e 58% dos funcionários podem acessar o histórico de compras *on-line* de um cliente, estando na loja física.

Por outro lado, apenas 25% dos varejistas oferecem compra *on-line* com retirada na loja e 22% permitem que os compradores reservem itens on-line. Segundo o estudo da *NewStore*, 76% dos varejistas não identificam a localização das lojas físicas em seus aplicativos. O número surpreende, uma vez que os Apps são a principal ponte entre o *on-line* e o *off-line* e este tipo de recurso é de fácil inserção.

No Brasil, vemos que a *omnicanalidade* também representa uma transformação importante para o setor. Nos últimos anos, os varejistas evoluíram de um canal único para a adoção de estratégias multicanal (vendas em canais *on-line* e *off-line*) e, recentemente, omnicanal (integração de todos os pontos de contato físicos e digitais, com foco na experiência do consumidor).

Apesar dos avanços, o conceito de *omnicanalidade* ainda não foi absorvido amplamente pelo varejo, porém já está enraizado no comportamento do omnishopper, que acessa a internet por meio vários dispositivos digitais e espera usar de forma consistente, intercambiável e simultânea um número crescente de canais e pontos de contatos *on-line* e *off-line* para realizar as compras. Como destacamos no capítulo 2, o *omnishopper* tem expectativas elevadas em termos de conveniência, flexibilidade e integração de canais.

O grande desafio é colocar varejo e *omnishopper* na mesma página. Os varejistas que estão um passo à frente em termos de *omnicalidade* foram capazes de se arriscar e abraçar a mudança. Nem todos têm condições de adotar soluções múltiplas e sofisticadas, mas é possível definir algumas metas e, acima de tudo, ter disposição para experimentar. Minha sugestão é usar como ponto de partida o mapeamento dos pontos de contato da jornada omni do cliente, o OSJ, como detalhamos no capítulo 4.

Ao identificar o OSJ do seu varejo, é possível saber quais pontos de contato são mais importantes para o *omnishopper* na jornada de compra e, dessa forma, entender a relevância do digital ou do físico. A partir daí, a loja pode se preparar para atender às expectativas do comprador, seja através de sites, seja treinando seu time de loja para atender de forma surpreendente. Como vimos no exemplo da jornada de compra de carros, o vendedor da loja era fundamental para a tomada de decisão e, portanto, ficava claro por onde começar o trabalho para melhorar a experiência do cliente.

O papel da loja física no varejo *omnicanal*

A constante evolução da jornada de compra tem exigido experiências digitais e formatos híbridos e inovadores, em que as fronteiras tradicionais estão se rompendo, revitalizando e trazendo diferenciação para as marcas de varejo. Não resta dúvida quanto ao protagonismo que os dispositivos móveis exercem no comportamento dos *shoppers* durante a jornada de compras, inclusive dentro das lojas físicas, facilitando a convergência entre os canais. Nesse cenário, uma das principais preocupações do varejo, atualmente, envolve o papel da loja física na jornada.

Apesar do crescimento expressivo do e-commerce, hoje, a maioria das vendas ocorre no estabelecimento físico e, para muitos varejistas, este é o canal mais importante. Alguns motivos explicam por que a loja física permanece forte: é o único local que permite que os *shoppers* toquem e sintam as mercadorias, fornecendo satisfação instantânea; além disso, várias delas abrem todos os dias e com muito sucesso, testemunhando que permanecem relevantes para o *shopper*.

No entanto, é preciso considerar que a disponibilidade de conexão e a presença de dispositivos digitais na loja física tornam as informações sobre o produto prontamente disponíveis, o que traz o risco de "comportamento de *showrooming*", ou seja, quando o *shopper* usa a loja física como fonte de informação, mas faz a compra *on-line*. Nesse sentido, as lojas físicas impactam e são impactadas pela digitalização.

A ênfase na criação de experiências levou os varejistas a

introduzir tecnologias avançadas em ambientes físicos e a desenvolver experiências imersivas, como, por exemplo, realidade virtual, realidade aumentada, provadores inteligentes, RFID (identificação por radiofrequência), telas digitais interativas, *tablets*, Wi-Fi, *checkouts* de autoatendimento, aplicativos móveis, clique e retire, clique e dirija. Antes de fazer esse tipo de investimento, é preciso pensar qual é a finalidade desse aparato tecnológico, como, por exemplo, enriquecer a experiência do *shopper*, melhorar o serviço, oferecer conveniência ou integrar a jornada de compra.

A presença da tecnologia redefine a experiência e o layout da loja e permite que o cliente tenha acesso a uma oferta mais ampla de produtos, serviços customizados e novas ferramentas de entretenimento. Tais ferramentas podem influenciar na frequência de visita e no tempo de permanência na loja. Alguns varejistas optam pela adoção de tecnologia como ferramenta de suporte para o time de loja, permitindo que ele seja o veículo da experiência diferenciada e personalizada para o cliente em loja. O Walmart, por exemplo, adotou recentemente essa estratégia nos Estados Unidos, fornecendo a opção de os clientes se identificarem quando entram em uma loja; ao chegaram no estabelecimento, uma notificação é disparada para o time de loja que, por sua vez, tem acesso ao histórico de compra e pode oferecer produtos e ofertas aderentes ao comportamento do cliente. Dessa forma, a tecnologia torna-se um meio, e não um fim.

Portanto, vemos que o papel da loja física no varejo omnicanal está sendo redefinido à medida que se torna parte de uma experiência maior e mais conectada, além de um canal fundamental para a inovação do varejo.

O futuro da loja física no contexto *omnicanal*

Neste momento de reflexão sobre a loja física, reconhecida como a força vital do varejo, um artigo publicado no *Journal of Retailing and Consumer Services*[9] explora alguns *insights* sobre

---

9 "*Store of the future: towards a (re)invention and (re)imagination of physical store space in an omnichannel context*", publicado no Journal of Retailing and Consumer Services, revista que é um fórum internacional e interdisciplinar para pesquisas e debates sobre varejo e comportamento do consumidor.

como o ponto de venda poderia evoluir no ambiente *omnicanal*. O texto, escrito com base nos resultados de uma pesquisa qualitativa exploratória com 20 especialistas de varejo, propõe mudanças significativas na função e nas características da loja física no contexto omnicanal e de que forma a experiência de compra evoluirá nos ambientes físicos no futuro.

A loja é reimaginada como um local para promover experiências lúdicas, sociais, culturais, educacionais e tecnológicas, com foco na comunidade local. O *shopper*, por sua vez, foi identificado como influenciador-chave, pois dita a mudança na função da loja, que está evoluindo de um local destinado à venda para um local de entretenimento, onde possa viver experiências, receber inspirações e relacionar-se com outras pessoas.

O estudo demonstra que, embora o estabelecimento físico seja considerado um *hub* de integração de canal, ele exerce uma posição estratégica, pois tem a capacidade única de oferecer uma experiência multissensorial, explorando visão, audição, olfato, paladar e tato.

Apesar de o varejo ainda ter dificuldade para implementar soluções tecnológicas no ponto de venda, a tecnologia é vista com uma função de apoio para a loja física conseguir desempenhar cinco papéis: entretenimento (ampliar a experiência sensorial por meio de realidade virtual e realidade aumentada, por exemplo); atendimento ao cliente (proporcionar personalização); *storytelling* (fornecer conhecimentos da marca e do produto); impulsionar conveniência (conectar e interagir na jornada através do celular) e velocidade (aumentar a eficiência do varejo).

Considerando esses vários aspectos, é preciso inovar os modelos de negócios do varejo. Nesse sentido, segundo o estudo, os varejos podem ser classificados em:

• **Conveniência**: centrado na tecnologia para entregar velocidade, eficiência de serviço e experiência. Neste caso, o exemplo é a *Amazon Go*, rede de lojas de conveniência da Amazon, nos Estados Unidos. As lojas são totalmente automatizadas, sem a presença de funcionários nem a necessidade de pagar as compras em *checkouts*. Com o App da loja instalado no *smartpho-*

ne, o consumidor apenas pega os produtos e sai da loja; o App registra as compras e o pagamento. Para isso, a loja dispõe de diversas tecnologias disruptivas que promovem uma experiência com comodidade e sem fricção;

• **Experiência**: loja com foco na imersão e na diversão, com apelo lúdico e destacando a personalidade de marca, curadoria e atendimento personalizado; centrada na comunidade e na socialização. O exemplo é a Samsung 837, loja de três andares da Samsung, em Nova Iorque, descrita pela própria companhia como um ponto cultural e *playground* digital, onde o consumidor fala com especialistas, participa de *workshops* e entra em contato com todo o universo da marca. As vendas não são o foco principal.

Além dessa visão, o estudo apresenta uma outra classificação que deve pautar o futuro do setor:

• **Varejo rápido** (*fast retail*): enfatiza a eficiência, a conveniência e a velocidade. Exemplo: *Starbucks Express*, formato de loja da *Starbucks* com menu enxuto e para o consumo *on the go* (ou seja, durante o deslocamento);

• **Varejo lento** (*slow retail*): propicia experiências consideradas mais elevadas, como descobrir, aprender e compartilhar. Exemplo: *Starbucks Reserve*, marca da *Startbucks* que oferece uma seleção rara de cafés, bem como degustações e experiência diferenciada com a bebida na loja.

Para entender melhor, o *fast retail* tem semelhanças com os conceitos de *fast food* e *fast fashion*, na medida em que enfatiza a padronização, a conveniência e as respostas rápidas. Em oposição, o *slow retail* – similar aos movimentos *slow food* e *slow fashion* – prioriza experiência, busca de prazer, diversidade, qualidade e desaceleração. Ambos têm seu espaço no mercado, mas os resultados do estudo reforçam que o varejo lento deve despontar no futuro, pelo fato de os *shoppers* valorizarem cada vez mais o ponto de venda como local de experiência, descoberta, aprendizado e exploração.

Essas dimensões estão inseridas em um novo conceito proposto pelo estudo do *Journal of Retailing and Consumer Services*: o modelo de loja experiencial do futuro (**Figura 15**). A ideia é reinventar a forma de projetar o espaço da loja física dentro do varejo omnicanal, com o objetivo de otimizar a experiência do cliente.

Figura 15 - **Modelo de loja experiencial do futuro**

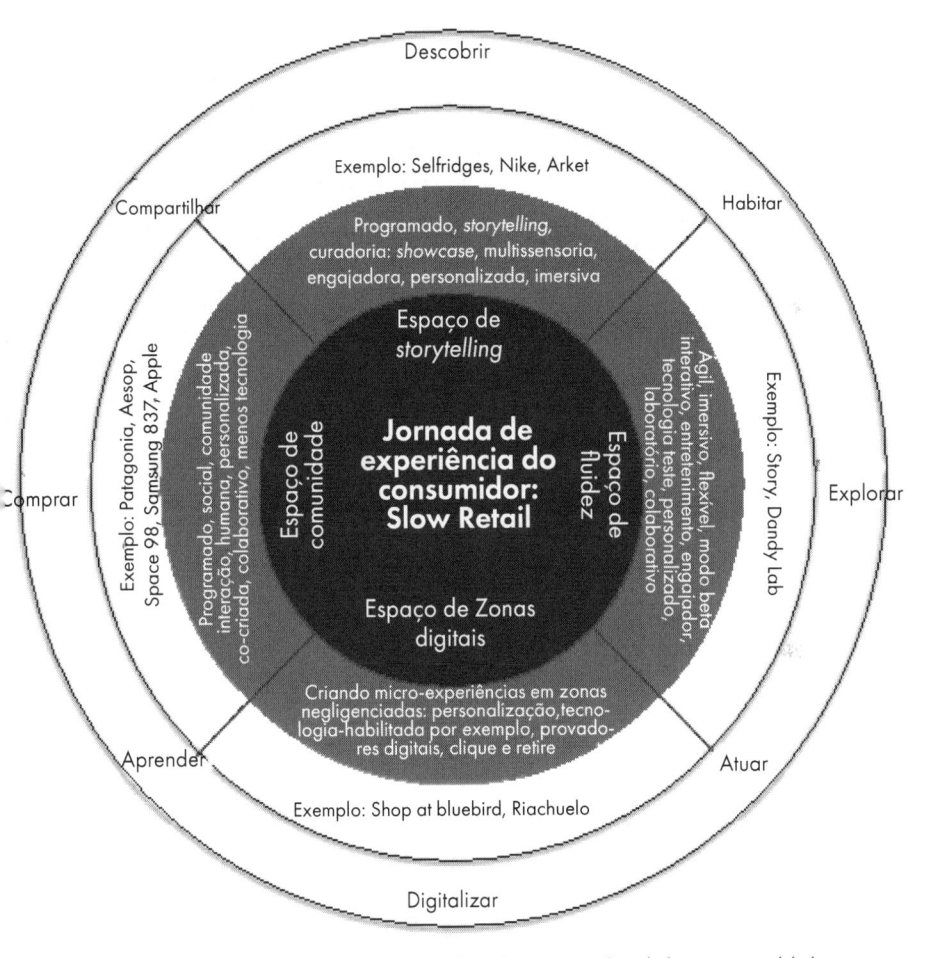

Descobrir

Exemplo: Selfridges, Nike, Arket

Compartilhar — Habitar

Programado, *storytelling*, curadoria: *showcase*, multissensoria, engajadora, personalizada, imersiva

Espaço de *storytelling*

Exemplo: Patagonia, Aesop, Space 98, Samsung 837, Apple

Programado, social, comunidade interação, humana, personalização, co-criada, colaborativo, menos tecnologia

Espaço de comunidade

Jornada de experiência do consumidor: Slow Retail

Espaço de fluidez

Ágil, imersivo, flexível, modo beta interativo, entretenimento, engajador, tecnologia teste, personalizado, laboratório, colaborativo

Exemplo: Story, Dandy Lab

Comprar — Explorar

Espaço de Zonas digitais

Criando micro-experiências em zonas negligenciadas: personalização, tecnologia-habilitada por exemplo, provadores digitais, clique e retire

Aprender — Atuar

Exemplo: Shop at bluebird, Riachuelo

Digitalizar

Fonte: Imagem adaptada do artigo *"Store of the future: towards a (re)invention and (re)imagination of physical store space in an omnichannel context"*.

Jornada Omnishopper - Daniele Motta

No círculo maior, o modelo traz as dimensões do varejo lento (descobrir, aprender, digitalizar, explorar, comprar, compartilhar, etc.). A partir daí, propõe quatro novas formas de conceber ambientes da loja física:

1. Espaço *storytelling*: idealizado para personificar a marca em 3D; engloba narrativas e curadoria que contribuem para a formação da imagem da marca;

2. Espaço de fluidez: deve refletir agilidade, flexibilidade e interação, sempre como se estivesse em modo beta (ou seja, em teste, a exemplo do que acontece com *softwares*); portanto, é um espaço de testes tecnológicos e experiências envolventes;

3. Espaço de zonas digitais: são microespaços experienciais em áreas da loja tradicionalmente negligenciadas que utilizam tecnologia para fornecer experiência. Exemplo: provador inteligente;

4. Espaço de centro comunitário: concebido para propiciar a socialização e integrar a comunidade. São espaços cocriados/colaborativos e que podem ter mais ou menos recursos tecnológicos.

As mudanças propostas neste modelo são bastante significativas e podem fornecer novas descobertas em termos de formato, função, características e integração da loja física com outros canais. No universo do varejo omnicanal, essa reinvenção da loja física seria capaz de capturar as mudanças no consumo e as expectativas dos consumidores.

Estruturas e capacitação de times comerciais do varejo

Assim como a indústria está repensando suas estruturas de atendimento ao varejo, este também precisa evoluir o modelo de atendimento comercial. Atualmente, o time comercial do varejo está segmentado por categorias e trabalha com vários fornecedores e uma infinidade de itens para gerenciar.

Ao entender que um dos papéis fundamentais da equipe Comercial é apresentar a melhor oferta para os *omnishoppers* que frequentam as lojas, conhecer a jornada de compra e dominar as alavancas comerciais torna-se imprescindível. Noto que o time Comercial do varejo poderia ampliar o conhecimento das alavancas comerciais digitais para oferecer o produto certo, ao preço certo e para o cliente certo.

Outra área de oportunidade seria trabalhar com dados de comportamento de cesta para identificar o perfil do *shopper*; assim, o time Comercial negociaria com fornecedores experiências e ofertas aderentes a esses comportamentos.

A transformação do varejo e da indústria passa pelas pessoas que operam e desenham as estratégias, de tal forma que dados, conhecimento de jornada de compra do *omnishopper*, tecnologias diferentes, multialavancas comerciais e visão integrada de canais são insumos essenciais para esses profissionais fazerem o seu melhor.

Case brasileiro

No varejo nacional, a Lojas Americanas (que, em abril de 2021, fez fusão com a B2W, dando origem à nova empresa americanas.com) tem colocado em prática o conceito *omnichannel* por meio de ações coordenadas com seus fornecedores e investimentos em ferramentas tecnológicas para aprimorar a experiência de compra dos clientes.

Com cerca de 1.700 lojas e amplo alcance on-line, a Americanas adotou os Anúncios de Inventário Local (*Local Inventory Ads*, da sigla LIA), recurso que mostra a disponibilidade e o prazo de retirada dos produtos nas lojas físicas em anúncios do *Google Shopping* e está alinhado ao formato BOPIS (*Buy on-line/Pickup in-store* ou Compra on-line/Retirada na loja), como veremos no capítulo 8. A partir desses anúncios, os *shoppers* conseguem verificar a disponibilidade do produto na loja, visualizar endereço e horário de funcionamento; depois, são redirecionados para o *Google Maps* com uma rota para chegar rapidamente à loja mais próxima. A Americanas também investiu no formato "compre on-line e retire na loja no mesmo dia", oferecendo duas opções aos clientes: receber em casa ou retirar em poucas horas na loja mais próxima.

Para implementar essas estratégias, a empresa lançou mão de várias ferramentas, como o *Google Meu Negócio* (para a medição das visitas em lojas) e o *Google Ads* (para integração dos estoques e preços dos produtos por meio do *feed* de produtos). Como resultado, a Americanas conseguiu aumentar em 130% a taxa de cliques (CTR) na categoria de brinquedos e em 95% o CTR de utilidades domésticas, além de elevar 44% a taxa de conversão de produtos para bebês, no período de novembro a dezembro de 2020, segundo informações divulgadas em um artigo escrito por executivos do *Google*[10].

Outra ação do varejista envolveu a Nestlé, a fim de promover uma Páscoa omnichannel em 2020, período em que as buscas na internet por chocolates aumentaram bastante, por conta da pandemia de Covid-19. Com o consumidor mais conectado, o digital teve influência direta na venda de alimentos e foi um facilitador na missão de compra de chocolate na Páscoa. A estratégia cooperada possibilitou que os consumidores comprassem ovos de Páscoa *on-line* e retirassem nas lojas físicas. Com essa iniciativa, a Americanas registrou um crescimento de 830% na receita digital proveniente de chocolates em 2020, na comparação com o mesmo período de 2019, sendo que os produtos Nestlé representaram 28% das vendas totais de chocolates; foram mais de 600 mil produtos da marca vendidos, sendo 60% deles no modelo "pegue na loja hoje".

Com a estratégia omnicanal, a companhia também verificou que 54% dos clientes que praticaram a modalidade de retirada na loja fizeram *upsell*, ou seja, compraram outros produtos na loja física. No terceiro trimestre de 2020, as iniciativas *omnichannel* da Americanas, incluindo retirada na loja, movimentaram um Volume Bruto de Mercadoria (GMV) de R$ 1.1 bilhão, com um crescimento de 96% se comparado ao mesmo período de 2019.

---

10 Artigo: "Tudo. A toda hora. Em qualquer lugar: como uma estratégia *omnichannel* pode gerar bons resultados para varejo e indústria".

8. CONCLUSÃO: TENDÊNCIAS E FUNCIONALIDADES OMNI

A era digital impactou definitivamente a forma como vivemos, compramos, trabalhamos e relacionamo-nos uns com outros. Certamente, ainda há muito por vir. Acredito que experimentaremos muitas mudanças, principalmente na forma como compramos, utilizando ainda mais tecnologias imersivas como realidade aumentada ou realidade virtual, através das plataformas de mídias sociais (*social shopping*) ou até mesmo comprando cada vez mais produtos de outros países (*cross-border*), provocando uma revisão tributária e legal que se ajuste a esta possibilidade. Outras tendências que ganham espaço são: a compra autoabastecida (*auto-replenishment* ou *subscription*) e a compra por voz (*voice activation*).

Também observo que teremos cada vez mais impacto no tamanho da cesta do *omnishopper* que, ao ter acesso a canais diversos, formas de pagamento e entrega conveniente, pode fragmentar suas compras em pequenas cestas ou em cestas únicas, estimulando a missão de conveniência e ocasião especial. Dessa forma, as cestas abastecedoras sofreriam impactos. Isso nos faz refletir sobre vários aspectos: o tamanho das lojas, como seriam os armazéns de estocagem, onde estariam localizados, como atrair clientes e retê-los, entre outras reflexões importantes para a manutenção dos negócios da indústria e do varejo.

Quando reflito sobre o futuro, é inevitável olhar para trás e pensar sobre a evolução que tivemos. Então, trazendo uma visão prática para auxiliar varejo e indústria, apresento algumas funcionalidades que caracterizam as compras *omnichannel* sob a ótica de um estudo recente, o NRF-*FitForCommerce Omnichannel Retail Index* (Índice do Varejo Omnichannel, em tradução livre). Espero que os dados sejam uma referência para uma autoavaliação do quanto já percorremos.

Métricas *omni*

Existe uma tensão entre as métricas tradicionais – baseadas nas vendas – e as novas métricas – focadas na experiência, nas mídias sociais, em medidas de valor da marca e no retorno sobre lealdade, por exemplo. Não se trata mais de analisar as vendas por metro quadrado, mas sorrisos por metro quadrado. Fica o desafio de quantificar o impacto do espaço físico como impulsionador de experiência.

É nesse contexto que surgem novas ferramentas mais adequadas para explorar e indicar caminhos da omnicanalidade, como o *NRF-FitForCommerce Omnichannel Retail Index*, indicador desenvolvido no varejo norte-americano que mede a adoção de recursos e de melhores práticas, considerando os diferentes canais – *web*, *mobile*, loja física e *cross-channel*. Ele é quantitativo (não esclarece a implementação ou o desempenho de um recurso específico, por exemplo), mas ajuda o varejo a ter uma base de comparação com a concorrência, uma vez que atribui uma classificação dos varejistas pesquisados.

O índice é mensurado desde 2015 pela consultoria *Fit For Commerce* e a *Nation Retail Federation (NRF)*, uma das principais entidades globais do varejo e responsável pela maior feira do setor, a NRF's Retail Big Show, realizada em Nova Iorque anualmente. Ao longo dos anos, o *Omnichannel Retail Index* indica que já ocorreu um progresso importante nos investimentos omnicanais do varejo, mas, de modo geral, ainda há muito trabalho a ser feito para atender às expectativas dos clientes. Esse desafio ganha novos contornos em um cenário pós-Covid-19, pois o *shopper* passou a usar mais os recursos digitais para fazer compras com maior conveniência. Como vimos, a expectativa é que a adoção acelerada do comércio digital e o varejo omnicanal tenham um impacto duradouro.

Em 2019, o *Omnichannel Retail Index* analisou o desempenho de 125 marcas e varejistas de 20 setores, como vestuário e acessórios, eletrônicos, beleza, alimentos, presentes, itens para casa, dentre outros. Os resultados mostram que as 10 maiores empresas pesquisadas adotaram entre 66% e 73% das melhores práticas digitais e omnicanais. Na **Tabela 4**, podemos observar quais varejistas americanos implementaram boas práticas nos diferentes canais, indicando que 54% utilizam o canal *Web* na sua potencialidade; 57% exploram adequadamente o *Mobile*; 59% o canal Lojas e 55% trabalham de forma mais integrada entre os canais (*Cross-channel*).

Tabela 4 - **Principais resultados do NRF-FitForCommerce Omnichannel Retail Index 2019**

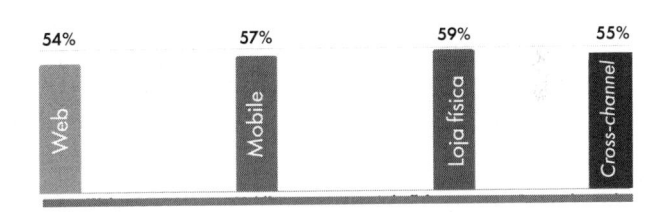

Web 54%	Mobile 57%	Loja física 59%	Cross-channel 55%

Ranking das marcas que adotaram as melhores práticas digitais e omnicanais*		
Web 67% – 73% de adoção	Mobile 72% – 81% de adoção	Cross-channel 82% – 100% de adoção
eBags	Victoria's Secret	Best Buys
Bed Bath & Beyond	Wayfair	Target
Dillard's	Anthropologie	Michaels
Home Depot	Home Depot	Home Depot
Best Buy	HSN	Office Depot
Overstock	JCP	REI
Bloomingdale's	Petco	Banana Republic
JCP	Sunglass Hut	Ulta
Blue Nile	Bare Escentuals	Barnes & Noble
Amazon	Nordstrom	Nordstrom
Dick's Sporting Goods	Target	JCP
Office Depot	Timberland	Walmart
Stapples	Tractor Supply Co	Microsoft
	Carter's	Tractor Supply Co
		Carter's
		Stapples
		BJ's

*Dados de empresas presentes no mercado norte-americano

Checklist

A partir dos dados do *NRF-FitForCommerce Omnichannel Retail Index*, elaboramos um *checklist* para ajudar a sua empresa a verificar o quanto ela utiliza as boas práticas omnicanais. Os números servem como uma referência da quantidade de varejistas americanos pesquisados que adotam a funcionalidade e também incluem comentários e itens como maior crescimento, que você pode conferir para melhor compreensão.

Tabela 5.1 - **Cross-channel: foco na conveniência**

Modalidades integradas	2019
BOPIS (*Buy on-line/Pickup in-store* ou Compra on-line/Retirada na loja)	66%
BOPIS – mesmo dia	45%
BORIS (*Buy on-line/Return in-store* ou Compra on-line/Devolução na loja)	83%

Observações:

O BOPIS é uma maneira de reduzir a divisão digital-físico, sendo um elemento-chave da experiência de varejo omnicanal. Em um mundo pré-Covid-19, os varejistas que ofereciam o BOPIS desfrutavam do benefício de promover propagandas em potencial e compras por impulso quando os clientes pegavam os pedidos na loja. Hoje, o BOPIS já não é mais um diferencial, mas um requisito para manter as portas abertas. Tanto é que este índice vem crescendo expressivamente: em 2016, foi adotado por 33% dos varejistas; em 2017, por 41%, e, em 2019, por 66% das empresas. Também houve aumento relevante no BOPIS no mesmo dia, que saltou de 27%, em 2017, para 45% em 2019.

É importante notar que BORIS é uma das funcionalidades *cross-channel* mais implementadas no *Omnichannel Retail Index* (83%). A maioria das empresas implementou sistemas e processos para habilitar esse serviço e atualizou seus sistemas de PDV para permitir que os funcionários recuperem as informações do pedido do cliente para concluir o processo de devolução.

Tabela 5.2

Contatos personalizados	2019
Recomendações personalizadas	52%
Durante a jornada, mostrar página de interesse do cliente com mensagens personalizadas e entrega no horário preferido	75%

Observações:
Em relação às recomendações personalizadas, os varejistas já estão utilizando recursos de Inteligência Artificial (IA) para mostrar produtos personalizados e outras opções aprimoradas aos clientes. O comércio personalizado prioriza uma experiência individual do cliente em cada ponto de contato, incluindo compras, atendimento e canais de marketing.

Tabela 5.3

Visibilidade de estoque	2019
Obter estoque nas lojas	77%
Web – Aplicar filtro de produtos de acordo com a disponibilidade	32%
Web – Mostrar o estoque da loja física	67%
Loja – Mostrar o estoque da loja física + on-line, de forma integrada	72%

Observações:
Obter a visibilidade de estoque não é tarefa fácil, mas entrega totalmente a promessa omnichannel. Não é à toa que este índice registrou crescimento expressivo, passando de 38%, em 2016, para 77% em 2019. O *shopper* espera identificar rapidamente onde tem estoque disponível, seja na loja *on-line* ou na física. Para fornecer as experiências omnicanais que os clientes exigem, os varejistas precisam de sistemas e processos que facilitem uma visão completa e em tempo real, além da sincronização do estoque em todas as lojas, depósitos e armazéns do fornecedor.

O indicador "Web – mostrar o estoque da loja física" também teve um incremento importante, passando de 39% para 67%, entre 2016 e 2019. A vantagem de ter um estoque em tempo real é poder sugerir produtos similares quando o item procurado está em ruptura.

Tabela 6 - **Aumentando a experiência de compra digital**

Melhorando busca, busca refinada e ordenação	2019
Refinar a seleção com autocompletar/autossugestão/buscas recentes	90%
Refinar a seleção por navegação facetada em páginas de categoria, permitindo que os shoppers selecionem vários atributos para restringir sua pesquisa	96%
Refinar a seleção por reviews e ratings	31%
Refinar a seleção por subcategoria	83%
Refinar a seleção por disponibilidade de estoques	32%
Ordenar a seleção por novos ou lançamentos	76%
Ordenar a seleção por ratings de clientes	57%
Ordenar a seleção por mais vendidos	52%
Ferramentas de upsell	**2019**
Recomendação de produtos	90%
O que combina com o quê	44%
Mensagens de limites de compras para atingimento de algum benefício durante a compra	10%
Mensagens de limite que incentivam os clientes a comprar mais para obter frete grátis ou outras promoções	32%
Otimização de produtos - páginas de detalhe	**2019**
Fornecem mais do que uma imagem por produto	94%
Incluem amostras de cores junto aos produtos	78%
Incluem vídeos junto aos produtos	42%
Incluem visão 360º dos produtos	8%
Incluem os comentários dos clientes junto aos produtos*	80%
Incluem live chat no produto*	38%
Permitem que os clientes façam upload de suas próprias imagens de produtos na página de detalhes do produto	44%
Permitem extrair fotos de usuários das mídias sociais	37%
Inclusão de wishlist (lista de desejos), permitindo aos clientes salvarem produtos favoritos e terem acesso futuro de qualquer aparelho	76%

*Essas iniciativas não apenas incentivam os clientes a compartilhar seus comentários, mas reconhecem e recompensam os membros fiéis

Abordagem na mídia social	2019
Varejistas que vinculam suas contas de mídias sociais com ícones no cabeçalho ou no rodapé	94%
Permitem que os compradores compartilhem e curtam/fixem/tweetem na página de detalhes do produto	48%
Permitem que os compradores enviem produtos por e-mail para si próprios ou para amigos	28%
Varejistas e marcas que incorporaram as perguntas e respostas geradas pelo usuário	35%

Tabela 7 - **Última etapa da compra**

Custo e visibilidade de entrega	2019
Fornecem custos de envio estimados no carrinho	72%
Fornecem uma data de entrega no checkout on-line	46%
Entrega	**2019**
Entrega no dia seguinte	69%
Entrega no mesmo dia	20%
Oferecem frete grátis como uma opção padrão e não como parte de uma promoção	77%
Oferecem frete grátis sem limite de compras*	21%
Oferecem frete grátis com limite de compras	54%
Oferecem frete grátis de devolução	50%
Serviços de envio automático e reposição	5%
Facilidades no *checkout*	**2019**
Editar atributos do produto no *checkout*	17%
Preencher automaticamente os campos da cidade e CEP**	23%

*75% dos consumidores pesquisados esperavam que a entrega fosse gratuita, mesmo para pedidos abaixo de 50 dólares
**Oferecer várias opções de pagamento é importante para fornecer um processo de *checkout* perfeito.

Tabela 8 - **Dispositivos móveis**

Mobile	2019
Mobile otimizado pelo e-mail	98%
Salvar sacola entre plataformas	90%
Website responsivo*	82%
Notificações por SMS*	28%
Escanear produtos	30%
App com geolocalização para envio de push	15%

*Website responsivo e notificações por SMS parecem ser opções para o futuro, uma vez que a quantidade de Apps nos dispositivos móveis tende a reduzir

Tabela 9 - **Marketing e lealdade: como capturar dados**

E-mail e aceleração da lealdade	2019
Aproveita táticas de personalização obsoletas, como testes de segmentação	56%
Sign up no rodapé dos e-mails	87%
Sign up no cabeçalho dos e-mails	8%
Sign up por pop-up	45%
Incentivam por on-line o sign up	39%
Lojista pedindo e-mail para cadastro	42%
Lojas que oferecem incentivos para obter dados	9%

Programas de Fidelidade	2019
Permitem que os clientes gerenciem as configurações gerais e controlem as preferências de comunicação	54%
Reordenar recursos do histórico de compras	24%
Rastrear e resgatar pontos de fidelidade	24%
Gerenciar frequência de comunicação	13%
Oferecem programas de fidelidade on-line	81%
A inscrição na loja para programas de fidelidade	72%
Oferecem um incentivo para o shopper se inscrever	54%

Observações:
Os programas de fidelidade destacam-se como ferramentas importantes para o varejo, como mostra o estudo. De 2016 para 2019, o índice de empresas com programas de fidelidade passou de 68% para 81%. Neste mesmo período, as inscrições feitas na loja para programas de fidelidade aumentaram de 53% para 72% e o índice de empresas que oferecem incentivos para a inscrição do shopper neste tipo de iniciativa passou de 30% para 54%.

Tabela 10 - **Atendimento ao cliente**

Contato com o cliente	2019
Múltiplos pontos de contato com o cliente*	90%
Elemento de contato no cabeçalho do site*	16%
Informação de contato de serviço ao cliente no checkout*	53%
Informações de contato do atendimento ao cliente no carrinho	25%
Link para uma seção com serviço ao cliente na página**	21%
Telefone do serviço ao cliente na página**	7%
E-mail do serviço ao cliente na página	4%
Live chat no site (chat ao vivo)***	75%
Live chat no produto	38%

*Há uma variedade de maneiras pelas quais essas opções tornam-se visíveis e acessíveis aos compradores durante a experiência do site ou em qualquer ponto ao longo do caminho de compra. **Os shoppers esperam entrar em contato facilmente com um representante do atendimento ao cliente para fazer perguntas ou resolver problemas. ***Em 2016, este indicador foi de 56%; o aumento expressivo confirma que o fácil acesso a um ótimo atendimento inspira a confiança do cliente.

Tabela 11 - **Reimaginando a experiência da loja**

Colaborador empoderado	2019
Colaboradores com aplicativos em celulares com dados de POS na loja*	7%
Colaboradores com dispositivos de computadores ou *tablets**	34%
Colaboradores podem procurar por itens *on-line* ou em outras lojas	72%
Colaboradores com acesso a dados de clientes	59%
Captura de dados de clientes	**2019**
Colaboradores pedem e-mails aos clientes	42%
Colaboradores oferecem incentivos para que os clientes compartilhem e-mails	9%
Serviços omnicanais	**2019**
Comprar na loja e receber em qualquer lugar	73%
BOPIS – Áreas dedicadas na loja	17%
BOPIS – Áreas bem sinalizadas	22%
Promoções cruzadas oferecendo serviços	49%
Ação do digital na loja	**2019**
Adoção de ferramentas digitais na loja (*tablets* e outros dispositivos)**	19%
Adoção de códigos QR ou outras formas de sinalização digitalizáveis por meio de aplicativos**	18%
Pagamento por dispositivos móveis na loja***	56%

*Os funcionários da loja devem ter acesso às informações do produto e aos dados do cliente na ponta dos dedos
**Novos recursos como gestos e voz fornecem um ambiente de compras mais seguro e integrado, alinhado aos novos comportamentos do cliente.
***A adoção, junto com a dos pagamentos sem contato, deverá acelerar significativamente no futuro próximo.

Espero que esses dados possam ajudar a sua empresa a trilhar pelo caminho omnicanal, que está em pleno crescimento e torna-se prioridade estratégica para indústrias e varejistas, especialmente no cenário pós-pandemia. O *omnishopper* tem cada vez mais demandas por uma experiência de compra integrada, personalizada, com conveniência e apoiada na tecnologia. Por isso, agora é o momento de avaliar as capacidades atuais e desenvolver uma operação omnicanal para ajudar o *shopper*, garantindo a longevidade da organização no mercado.

Estamos vivendo a era digital com mudanças exponenciais, trazendo desde novas tecnologias a novos modelos de negócios, alterando significativamente tudo ao nosso redor. Assim, espero que em tempo, as referências acima norteiem os próximos passos em uma jornada que ainda está sendo construída todos os dias e que, diferentemente da Alice do País das Maravilhas, a partir do OSJ da sua categoria, você saiba qual caminho tomar.

Referências

ARIELY, D. **Previsivelmente irracional:** as forças ocultas que formam as nossas decisões. Rio de Janeiro: Elsevier, 2008.

BETHAN, A.; CANO, M. B. **Store of the future:** towards a (re)invention and (re)imagination of physical store space in an omnichannel contexto. **Journal of Retailing and Consumer Services.** Disponível em: <https://www.journals.elsevier.com/journal-of-retailing-and-consumer-services>. Acesso em: 20 abr. 2021.

CETIC.BR. **TIC Domicílios 2019.** Disponível em: <https://cetic.br/pesquisa/domicilios/https://cetic.br/pesquisa/domicilios>. Acesso em: 15 mar. 2021.

CRITEO. **The Shopper Story 2017.** Disponível em: <https://www.criteo.com/br/wp-content/uploads/sites/5/2017/12/TheShopperStory_BR.pdf>. Acesso em: 9 mar. 2021.

CRITEO. **The Shopper Story 2020.** Disponível em: <https://www2.criteo.com/br/shopper-story-2020>. Acesso em: 16 mar. 2021.

ESTUDO GLOBAL SOBRE O USUÁRIO DO YOUTUBE. **Relatório Brasil 2013.** Disponível em: <https://think.storage.googleapis.com/intl/ALL_br/docs/youtube-global-user-brazil-report_research-studies.pdf>. Acesso em: 26 abr. 2021.

FARIAS, C.; STORM, E.; RIBEIRO, R.; BROTTO, V. **Tudo. A toda hora. Em qualquer lugar:** como uma estratégia *omnichannel* pode gerar bons resultados para varejo e indústria. Disponível em: <https://www.thinkwithgoogle.com/intl/pt-br/estrategias-de-marketing/search/tudo-a-toda-hora-em-qualquer-lugar-como-uma-estrategia-omnichannel-pode-gerar-bons-resultados-para-varejo-e-industria>. Acesso em: 29 mar. 2021.

FUNDAÇÃO INSTITUTO DE ADMINISTRAÇÃO (FIA). **Neurociência:** o que é, campos de estudo e tendências. Disponível em: <https://fia.com.br/blog/neurociencia>. Acesso em: 21 abr. 2021.

IDEAL MARKETING. **O que é FMOT?** Entenda a evolução das vendas com as mudanças da internet. Disponível em: <https://www.idealmarketing.com.br/blog/o-que-e-fmot>. Acesso em: 3 mar. 2021.

KAHNEMAN, D. **Rápido e devagar**: duas formas de pensar. Rio de Janeiro: Objetiva, 2012.

LECINSKI, J. **ZMOT**: conquistando o momento zero da verdade. Think with Google. Disponível em: <https://www.thinkwithgoogle.com/intl/pt-br/tendencias-de-consumo/jornada-do-consumidor/zmot-conquistando-o-momento-zero-da-verdade>. Acesso em: 8 mar. 2021.

NEWSTORE. **Omnichannel Leadership Report 2019-2020**. Disponível em: <https://www.newstore.com/wp-content/uploads/2019/10/OLR_19-20_NewStore.pdf>. Acesso em: 16 abr. 2021.

RODRIGUES, M. **Samsung 837**: conheça a loja que é uma verdadeira experiência tecnológica. Disponível em: <https://www.tecmundo.com.br/samsung/101114-samsung-837-conheca-loja-verdadeira-experiencia-tecnologica.htm>. Acesso em: 15 abr. 2021.

SOCIAL MINER. **Jornada omnichannel e o futuro do varejo**. Disponível em: <https://conteudo.socialminer.com/omnicanalidade-futuro-do-varejo>. Acesso em: 3 mar. 2021.

SOCIEDADE BRASILEIRA DE VAREJO E CONSUMO (SBVC). **Omnishopper**. Disponível em: <http://sbvc.com.br/wp-content/uploads/2017/10/Apresentacao_Pesquisa_Omnishopper_vfinal.pdf>. Acesso em: 9 mar. 2021.

THINK WITH GOOGLE. **A revolução dos micromomentos:** como eles estão mudando as regras. Disponível em: <https://www.thinkwithgoogle.com/intl/pt-br/estrategias-de-marketing/apps-e-mobile/how-micro-moments-are-changing-rules/>. Acesso em: 28 mar. 2021.

UNDERHILL, P. **Vamos às compras:** a ciência do consumo nos mercados globais. Rio de Janeiro: Elsevier, 2009.

Este livro faz parte da coleção

Varejo Em Foco

Composta pelos títulos:

- **Jornada Omnishopper**
  Daniele Motta

- Varejo Conectado
  Decisões Orientadas por Dados
  Fátima Merlin

- A Estratégia do Varejo sob a Ótica do Capitalismo Consciente
  Hugo Bethlem

- Os Rumos do Varejo no Século XXI
  Pandemia e Transformação
  Irineu Fernandes

- Pense Grande - Pense Pessoas
  Gestão de Pessoas: O Superpoder da Liderança
  Cidinha Fonseca

- O CRM no Contexto da Ciência do Consumo
  Fernando Gibotti

- Gestão de *Pricing*
  Precificação Estratégica e Rentabilidade
  Leandro de Oliveira

- Sua gôndola estica?
  Gerenciamento de Espaços e Processo de Planogramação
  Raphael Figueira Costa

Este livro utiliza fontes da família Futura.
Ele foi impresso em junho de 2021
pela gráfica Docuprint